마음
발견의
기술

김종명 지음

마음
발견의
기술

춤추는

순간을 함께 코칭

불광출판사

불교와 코칭,
이토록 완벽한 합일이라니!

고현숙
(국민대 교수, 코칭경영원 대표코치)

지난 20년간 내가 코치로서 활동해 오면서 가장 가깝게 교류하고 가장 많은 일을 함께 한 사람이 저자 김종명 코치다. 그를 처음 만난 지 17년이 흘렀다. 그는 이제 한국에서 가장 인기 있는 경영자 코치 중 한 사람이자, 뛰어난 코칭 교육자로서 수많은 사람에게 영감을 불러일으키고 있다. 처음 코칭 교육에서 만났을 때부터 그는 범상치 않았다. 큰 비즈니스를 한 CEO인가 하면 책을 낸 저자였고, 기업을 경영하면서 세상의 혼탁한 면을 겪어 왔지만 사람을 대할 때 밝고 맑았다. 솔직하게 말하지만 도를 넘지 않고 평상심으로 돌아가고, 분명 한마디 지적함 직한 데서는 침묵하고 경청하는 모습을 자주 보았다. 누구보다 삶을 즐기고 농담을 잘하면서도 공부가 깊었다. 그가 불교학 박사 과정을 공부하고 꾸준히 수행해 왔으며, 원범이라는 법명이 있다는 걸 들었을 때, 그동안 느꼈던 역설적인 균형이 다 이해가 되는 느낌이었다.

이 책은 저자가 코칭의 원리를 불교라는 심원에 비춰 설명하는 내용이다. 코칭은 사람들의 잠재력 개발에 관한 것이다. 잠재력을 개발하기 위해 코치로서 가져야 할 철학과 프로세스, 역량을 정의하고 이를 체화해 나가는 것이 코칭 훈련이다. 혼자만의 깨달음이 아니라 고객과의 코칭 대화를 통해 코치도 함께 성장을 경험하기 때문에, 나는 코칭이 상호 발전적(inter-developmental)이라고 생각한다. 그것이 코칭의 매력이다.

저자는 코칭이 철저하게 불교 교리에 기반하고 있다고 말한다. 그는 '코칭의 정신은 자리이타(自利利他)의 보살 정신과 같았고 코칭 행위는 팔정도의 수행 방법과 다르지 않았다. 코칭 행위를 하는 것이 곧 불교의 가르침을 온전하게 실천하는 것이었다.'는 깨달음을 펼쳐 놓는다. '누구나 부처가 될 수 있다.'는 가르침은 사람들에게 무한한 잠재력이 있다는 코칭의 철학을 더 깊이 성찰하게 해 준다. 불교의 수행법인 묵언은 단지 말을 참는 게 아니라, 자신에게 떠오르는 생각을 알아차림이라고 해설한다. 자기 인식이다. 차수는 두 손을 몸 앞에 모으는 공손한 행동인데, 코칭에서 마음을 고객에게 집중하는 것이며 그게 코치의 프레즌스(presence)라고 풀어 준다. 하심은 자신을 낮추는 것이고 이는 곧 고객을 높이는 것이다.

특히 8정도와 코칭의 핵심 역량을 연결시켜 설명한 대목은 압권이다. 저자는 평소에도 개념을 연결하고 의미를 부여하며 거기에 꼭 맞는 이름을 붙여 주는 특기를 유감없이 발휘해 왔다. 이 책도 그렇다. 자유로운 연상과 해설에 감탄하면서 읽다 보면 어느새 불교 교리에 대한 이해도 깊어지고, 코칭이 왜 그런 접근법을 취하는지를 이해하게 된다. 저자는 탁월한 스토리텔러다. 책을 읽다 보면 종종 웃음이 난다. 딱딱하게 설명하면 한없이 어려울 수 있는 심오한 개념들을 쉬운 스토리와 웃음이 묻어나는 대화를 통해 쉽게 설명해 주기 때문이다. 스스로 솔직한 속마음과 질문, 실수담을 드러내는 것, 이게 저자의 하심이 아닐까?

　나는 불교에 과문하지만 이 책을 읽으며 코칭과 불교가 이토록 완벽하게 통하고, 조화로운지를 크게 깨우쳤다. 일반인들에게도 위대한 정신적 스승이었던 법정 스님과 성철 스님, 얼마 전 입적하신 틱낫한 스님을 생각하면서 이 책을 읽었다. 불교의 가르침이 우리에게 주는 위안과 깨우침은 말로 다하기 어렵다. 어떤 힘든 감정도, 상황도 우리 마음을 바라보는 명상을 출발점으로 삼아, 자비와 평화를 구하는 행위로 귀결된다. 이런 철학은 인류의 영적 성장에 엄청난 영향을 끼쳐 왔다.

　이 책을 코치들, 코치가 되고자 하는 사람들에게 꼭 권하고 싶다. 코칭이 스킬 수준에서 벗어나 더 나아갈 지점이 무엇인지에 대한 영감을 얻게 해 주기 때문이다. 코치의 성장이 멈출 때 코칭의 효과성도 멈추기 때문에, 코치에게는 지속적인 공부와 수련, 동료들의 슈퍼비전이 필수다. 불교 수행에서도 그렇겠지만 코치 훈련에서도 타성은 독이다. 저자는 국제코치연맹의 최고 자격인 마스터 코치(MCC)이지만, 누구보다 열심히 공부한다. 동료 코치가 낸 책을 누구보다 철저히 읽고 적용하는 코치다. 그래서 많은 코치들의 롤모델이다. 이 책을 한 인간으로서 성장하고자 하는 모든 사람들이 읽기를 추천드린다.

순간을 함께 춤추라

나의 삶을 지배하는 두 가지 축이 있다. 하나는 코칭이고, 하나는 불교다. 나는 불교 수행을 하면서 겪었던 어려움과 기쁨을 코칭을 공부하면서도 온전하게 그대로 느꼈다. 공부를 하는 기간이 길어지면서 어느 순간, 코칭과 불교를 연결해서 살펴봐야겠다는 생각이 강렬하게 들었다. 이 책은 그런 고민의 결과다. 오랫동안 내가 코칭과 불교 공부를 통해 알게 된 삶의 기쁨을 녹여 낸 것이다. 오늘을 살면서 어제를 후회하고, 오늘을 살면서 내일을 걱정하던 습관들이 이젠 거의 녹아 내렸다. 제법 오늘을 살아갈 수 있는 힘이 생겼다. 그런 결과로, 삶을 가장 행복하게 살아가는 방법이 지금 이 순간에 집중하고, 지금 이 순간을 느끼고, 지금 이 순간을 춤추는 것이라는 걸 알게 됐다.

'수리 수리 마하수리 수수리 사바하'

몇 살인지도 모르는 어릴 적, 잠결에서 아련하게 들려오는 녹음테이프의 독경 소리를 들으면서 잠에서 깨곤 했던 게 불교에 대한 첫 기억이다. 처음엔 무슨 뜻인지도 모르고 '수리 수리 마하수리 수수리 사바하~' 하고 테이프를 따라 웅얼거리곤 했다. 나중에 알고 보니 『천수경』이었다. 93세이신 엄마는 지금도 독경과 염불을 들으면서 하루를 시작한다. 녹음 테이프가 CD로 바뀌고, 불교 방송으로 바뀌었을 뿐이다. 이젠 독경과 염불 소리가 엄마 몸 전체에 깊숙이 자리 잡고 있을 것 같다. 어릴 적 엄마를 따라 절에 다녔던 인연은 지금까지 이어지고 있다. 삼천 배와 금강경 독송, 염불과 참선으로 이어지는 나의 불교 수행은 동국대학교 불교학과에서 박사 과정을 수료하는 것으로 이어졌다. 내 삶에도 불교가 자리 잡아 가고 있는 것 같다. 비록 진리를 깨우치진 못했지만, 지금쯤엔 내 몸속에도 불교의 씨앗이 자라고 있을지 모른다는 생각이 들곤 한다.

나는 2004년 코칭을 배우기 시작하면서 매우 당황했다. 코칭을 하기 위해 지켜야 할 것들을 배우는 과정이 마치 고행을 하는 것처럼 어렵게 느껴졌다. 코칭은 고객이 원하는 걸 발견하고 그걸 이룰 수 있도록 돕는 것이다. 고객이 원하는 걸 발견하기 위해선, 제일 먼저 고객은 무한한 가능성이 있다는 걸 믿고 존중해야 한다. 이게 나에겐 너무 어려웠다. 기업에서 CEO를 지낸 경력이 있는 나는 일상적으로 다른 사람들을 평가하고 판단하고 심지어 무시하는 습관이 몸에 배어 있었다. 평가하지 않고 판단하지 않고, 있는 그대로 고객을 존중해야 하는 첫 관문에서부터 나는 좌절했다. 이건 마조 도일 스님이 말씀하신 도의 경지다. 마조 도일 스님은 '평상심이 곧 도'라 했는데, 이때의 평상심은 평가하고 판단하지 않으며 있는 그대로 보는 마음이다. 불교에선 시비 분별을 내려놓고 있는 그대로 보는 걸 '여실지견(如實知見)'이라 하여 최고의 경지로 꼽지 않는가? 그런데 코칭의 시작이 평상심을 가지고 여실지견하는 것이었다. 처음부터 불교 최고의 경지를 지향하는 것이었다. 내겐 너무 어려웠다.

코치는 고객의 말을 들을 때 연민의 마음으로, 함께 기뻐하고, 함께 슬퍼하며, 공감을 표현해야 한다. 이것도 너무 어려웠다. 이건 마치 불교의 사무량심(四無量心)을 실천하는 것과 같았다. 불교에선 보살이 중생의 괴로움을 없애 주고 즐거움을 주기 위해, 자비와 평등의 마음을 실천하는 걸 사무량심이라 한다. 고백하건대 그동안 나는 사무량심을 이론으로만 공부했지 일상에서 실천하기 위해 노력하진 않았다. 그런데 코칭을 배우면서 일상에서 사무량심을 실천할 것을 요구받았던 것이다.

코치들은 코칭 핵심 역량을 갈고 닦아야 코칭을 잘할 수 있다. 이건 나의 삶을 송두리째 바꾸는 것이었다. 뒤에서 자세하게 살펴보겠지만, 이건 마치 불교의 수행과 같았다. 고객을 있는 그대로 보는 평상심으로, 고객에게 사무량심을 베풀고, 코칭 핵심 역량을 실천하는 게 나에겐 너무 힘들었다. 코칭을 배우는 건 고행 그 자체였다. 동료 코치들도 코칭을 배우면서 '이건, 인간 연습이다.' '이건, 수도자가 되는 연습이다.' '이러다가 몸에서 사리가 나오겠다.' 등의 말들을 하곤 했다. 그런데 시간이 지나면서 조금씩 변화가 생기기 시작했다. 코칭 행위가 몸에 배면서 다른 세계가 열리기 시작했다. 코칭을 하면서 돈을 받는데 그 효과는 나에게 더 크게 돌아왔다. 마치 49재를 할 때, 49재를 봉행하는 스님들이 상주들보다 더 큰 복을 받는 것과 같다는 생각이 들었다. 코칭을 마친 어느 날 아내에게 물었다. "여보, 내가 코칭을 안 배웠으면 어떻게 됐을까?" 아내의 섬뜩한 대답이 돌아왔다. "아마도 지옥에 갔겠지!" 섭섭한 마음을 억누르고 또 물었다. "지금은 어때?" 아내가 웃으면서 말했다. "이젠, 내가 천국행 티켓 끊어 줄게!" 나는 코칭을 배우고 나서 아내에게 천국행 티켓을 받았다. 무엇이 이런 변화를 가능하게 했을까?

코칭은 고객의 탁월한 마음을 발견하는 기술이다. 탁월한 마음이란 이미 탁월한 성과를 낸 상태를 의미하지 않는다. 우리는 무언가 새로운 것을 이루고 싶을 때, 새로운 노력을 하게 되고 더 나은 상태로 나아갈 수 있다. 그러므로 탁월한 마음이란 무언가 새로운 것을 이루려고 마음먹는 것을 말한다. 새롭게 시도하는 순간 새로움을 만들어 낼 수 있기 때문이다. '초발심시변정각(初發心時便正覺, 처음에 올바른 마음을 내면 그 상태가 곧 깨달음이다.)'이라는 말의 원리에 따르면, 코칭에서 탁월한 마음을 발견한다는 건 초발심을 찾아내는 것과 같다. 고객은 자신의 탁월한 마음을 발견하게 되면, 매 순간 깨어 있는 상태로 살아갈 수 있는 강력한 힘이 생긴다. 고객으로 하여금 탁월한 마음을 발견하고 그걸 실현할 수 있도록 돕기 위해, 코치는 매 순간 고객에게 온전하게 집중한다. 코치의 이런 코칭 행위를 일컬어 '고객과 함께 순간을 춤춘다.'고 말한다.

순간을 함께 춤춘다고 할 때, 순간이란 삶이 존재하는 순간이다. 과거는 우리의 기억 속에 존재하고, 미래는 우리의 기대 속에 존재한다. 과거는 현재의 기억이고, 미래는 현재의 기대인 것이다. 그러므로 삶에는 현재만 존재한다. 우리의 삶에는 영원히 현재만 있는 것이다. 영원한 현재다. 현재의 생각과 행위로 인해 과거의 기억도 바꿀 수 있고, 미래의 기대도 바꿀 수 있다. 모든 걸 현재가 결정하는 것이다. 그래서 현재는 마법이다. 코칭은 이런 마법의 순간을 고객과 함께하는 것이다. 코칭의 원리를 이해하고 방법을 터득하면 현재에 온전하게 집중할 수 있게 된다. 고객과 함께 순간을 춤출 수 있게 되는 것이다. 이 책을 읽는 분들이 현재의 의미를 깊이 있게 이해하고, 매 순간 고객과 함께 춤출 수 있기를 기대한다.

이런 목적을 달성하기 위해 첫째, 코칭의 원리가 불교의 이론과 어떻게 연결되는지에 대해 살펴보았다. 둘째, 코칭 행위가 불교 수행과 다르지 않다는 걸 살펴봄으로써 코칭을 공부하는 사람들과 불교를 공부하는 사람들에게 인식의 확장을 제공하고자 했다.

제1장 '누구나 무한한 가능성이 있다'에서는 불교의 근본 진리인 삼법인의 이해를 통해 불교의 인간관을 살펴보고, 코칭의 인간관과 비교해보았다. 불교와 코칭은 모두 인간을 무한한 가능성을 가진 존재로 이해하고 있음을 알 수 있다.

제2장 '코칭의 패러다임'에서는 코칭의 구조에 대해 살펴보았다. 그리고 사람을 이해한다는 게 어떤 의미인지, 사람을 이해하는 게 자신의 삶에 어떤 영향을 주는지에 대해 불교의 평상심과 연결해서 살펴보았다. 그리고 무아의 이해를 통해 공감하고 적극적으로

경청하는 것이 곧 깨달음으로 가는 길이라는 것도 살펴봤다. 무아와 공감과 경청이 서로 어떤 관계가 있는지에 대한 통찰을 얻을 수 있을 것이다.

제3장 '코칭은 탁월한 마음을 발견하는 것이다'에서는 탁월한 마음이란 무엇인지에 대해 살펴보고, 상대방의 마음을 알아주는 것이 왜 수행인지에 대해 살펴보았다. 그리고 구체적인 마음 알아주기 수행 방법을 제시한다. 이를 통해 마음 알아주기가 코칭에서 어떤 의미가 있고, 어떤 효과를 낼 수 있는지 알 수 있을 것이고, 고객의 탁월한 마음을 발견하는 구체적인 방법을 알게 될 것이다. 이를 통해 마음 알아주기는 코칭을 넘어서서 일상에서 진리를 실천하는 방법이라는 걸 알 수 있을 것이다.

제4장 '코칭의 프로세스'에서는 불교의 네 가지 성스러운 진리인 사성제를 다루었고, 코칭모델과 사성제를 비교해 보았다. 이 장에선 코칭의 프로세스가 사성제와 어떻게 연결되는지 알 수 있을 것이고, GROW 모델에 의거한 대화 예시를 통해, 코칭에 대한 이해의 폭을 넓힐 수 있을 것으로 기대한다. 그리고 불교의 깨달음의 프로세스인 '신·해·행·증'에 대해 살펴보고, 코칭 프로세스가 신·해·행·증과 어떻게 연결되는지도 살펴보았다. 신·해·행·증에 의거한 대화 예시를 통해, 코칭의 프로세스와 불교의 깨달음의 프로세스를 더욱 깊이 있게 이해할 수 있을 것이다.

제5장 '코칭 핵심 역량과 팔정도'에서는 진리에 이르는 8가지 길인 팔정도에 대해 살펴보고, 팔정도와 코칭 핵심 역량을 비교해

서 살펴보았다. 코칭 핵심 역량과 팔정도가 어떻게 연결되는지 비교해서 살펴보는 과정을 통해 코칭 행위가 곧 팔정도의 실천과 온전히 같다는 걸 알 수 있을 것이다. 코칭 행위를 실천하는 게 곧 팔정도를 실천하는 것이라는 확인을 통해, 코칭이 곧 수행임을 알 수 있게 될 것이다.

제6장 '3P 코칭모델과 불교 교리 비교'에서는 코칭의 패러다임과 코칭에서 수행하는 행위, 코칭이 진행되는 프로세스를 살펴보았고, 코칭과 불교가 어떤 점에서 공통점이 있는지 비교해 보았다. 이를 통해 불교의 패러다임은 삼법인과 연기법이며, 불교의 수행은 팔정도이고, 불교의 수행 프로세스는 사성제와 신·해·행·증이라는 것을 정리했다.

부록 'DSA 코칭 대화 사례'에서는 앞 장에서 설명한 내용들이 실제 코칭 대화에서 어떻게 활용되고 있는지 사례를 통해 살펴보았다.

이 책을 쓰면서 코칭의 원리와 불교의 교리가 다르지 않다는 걸 다시 한 번 확인할 수 있었다. 코칭의 정신은 '자리이타'의 보살 정신과 같았고, 코칭 행위는 팔정도의 수행 방법과 같았다. 코칭 행위를 하는 것이 곧 불교의 가르침을 온전하게 실천하는 것이었다. 모쪼록 이 책을 읽는 사람들이 코칭의 이해를 통해 자신의 탁월한 마음을 발견하고, 깨어 있는 현재를 살아가면서, 자신의 마음이 지향하는 탁월성을 발견할 수 있기를 기대한다.

차례

제1장.

누구나 무한한 가능성이 있다

불교와 코칭의 목적

해인사 수련대회에 갔을 때였다. 너무 피곤해서 아침 법문 시간에 졸고 있었다. 잠결에 누군가 질문하는 소리가 들렸다. "스님, 염불할 때는 꼭 관세음보살이나 나무아미타불만 불러야 합니까? 코카콜라 ~ 코카콜라~를 부르면 안 됩니까?"

속으로 '무슨 저 따위 질문이 다 있냐?' 생각하고 있는데 스님이 대답했다.

"왜 안 되겠습니까? 됩니다, 되고말고요. 코카콜라를 부르고 싶으면 코카콜라를 부르고, 관세음보살을 부르고 싶으면 관세음보살을 부르세요. 다만, 그 차이가 있겠지요."

그렇게 법문이 이어졌다. 나는 눈이 번쩍 뜨였다. '이게 뭐지? 괴짜 스님이네.' 생각하면서 나도 질문했다.

"스님, 어떻게 하면 깨달음을 얻을 수 있습니까?"

스님의 대답은 기상천외했다.

"깨달아서 뭐 할라꼬요? 깨달음? 그거 별거 아닙니다."

깨달음을 얻기 위해 불교 공부를 하고 있던 나에겐 큰 충격이었다.

해인사 수련대회는 꼭 지켜야 할 세 가지가 있다. 묵언(默言), 차수(叉手), 하심(下心)이다.

첫째, 묵언이다.

묵언은 말을 하지 않는 것이다. 수련대회 4박 5일 동안 일절 말을 해선 안 된다. 안전에 위급한 경우를 제외하곤 어떤 경우에도 말을 해선 안 된다. 이를 위반하면 108배를 해야 한다. 말을 못 하게 하니까 정말 답답했다.

'저 사람, 왜 저러지? 저건 주의를 줘야 하는데⋯⋯. 이게 궁금한데 질문도 못 하게 하네.'

속에서 불이 났다. 첫째 날은 하고 싶은 말을 참느라 얼굴에 열이 올라왔다. 주위 사람들도 그런 듯했다. 마치 화가 난 것처럼 얼굴이 굳어 있고 경직돼 있었다. 둘째 날이 됐다. 신기했다. 내가 무슨 말을 하고 싶은지, 내 말소리가 들리기 시작했다.

'지금, 내가 이런 말을 하고 싶어 하는구나!'

자신과의 대화가 시작됐다. 제법 재미있는 시간이었다. 더 신기한 건, 하고 싶은 말을 하지 않아도 아무 일도 생기지 않는 거였다. 하고 싶은 말은 생겼다가 금방 사라졌다.

'와~ 말을 안 해도 괜찮네!'

셋째 날은 말을 하지 않는 게 오히려 더 편안해졌다. 말을 하지 않으니까 불필요한 오해도 생기지 않고, 그냥 스쳐 가는 생각들을 흘려보내니까 더 좋았다. 마음의 평화가 찾아오기 시작했다. 말을 하지 않는 걸 묵언수행이라 부르는 이유를 알게 됐다. 묵언은 자기 내면에서 올라오는 생각을 알아차리는 훈련이었다. 수백 명의 수련생들과 4박 5일을 한 방에서 지내면서도 갈등이 생기지 않았다. 묵언 수행을 통해, 성숙한 사람은 하고 싶은 말을 참을 줄 아는 사람이라는 걸 알게 됐다.

둘째, 차수다.

차수는 두 손을 가지런히 배꼽에 포개는 것이다. 걸을 때도 손을 배꼽에 포개고 걸어야 하고, 앉거나 눕거나 언제든지 차수를 해야 한다. 그렇게 마음을 한 곳에 집중하는 것이다. 해인사에는 차수와 관련된 재미있는 일화가 있다. 해인사 행자 생활은 고되기로 유명하다. 1~2개월 쯤 지나면 이탈해서 도망가는 행자들이 속출한다고 한다. 그런데 행자들은 마을을 벗어나지 못하고 잡혀 온다고 한다. 모자를 쓰고 다른 옷으로 갈아입고 도망을 가지만 '차수' 때문에 잡힌다. 차수를 하고 걷는 게 습관이 돼서 도망가면서도 차수를 하고 뒤뚱거리면서 도망가기 때문에, 마을 사람들이 해인사 행자라는 걸 금방 알아차리고 절에 연락해서 잡혀 온다고 한다. 차수를 하고 뛰어가는 모습을 상상해 보면 웃음이 절로 난다.

셋째, 하심이다.

하심은 자기를 낮추는 것이다. 묵언을 하고 차수를 하는 건 겉으로 금방 드러나지만 하심은 겉으로 잘 드러나지 않는다. 말을 해야 잘난 체를 하는지, 하심을 하는지 알 수 있을 텐데 묵언을 하니까 겉으로 드러나지 않는다. 차수도 마찬가지다. 걸을 때 몸을 가지런히 하고 걷기 때문에 잘난 체하는지 모른다. 그러나 절에서 생활하는 자체가 하심 하는 훈련이라는 걸 곧 알게 된다. 새벽 3시 30분에 일어나서 새벽 예불을 할 때 108배를 비롯해서 끊임없이 절을 한다. 절을 하면 몸이 고통스럽다. 몸이 힘드니까 자기가 잘났다는 생각을 할 겨를이 없다. 오직 몸의 고통에 모든 신경이 가 있다. 그래서일까? 108배를 하고 나면 몸은 비록 힘들어도 마음은 편안해진다.

스님에게 물었다.

"스님, 절에서는 왜 이렇게 절을 많이 시킵니까?"

"정말 몰라서 묻습니까?"

"예, 스님."

스님이 웃으면서 말했다.

"절을 하는 곳이니까 절이라 부르고, 절이니까 절을 해야 하는 거지요~"

스님이 웃음을 거두고 말했다.

"절을 하는 건 하심 하는 수행입니다."

신기하게도 해인사 수련대회의 묵언, 차수, 하심은 코칭에도 그대로 적용된다. 코치는 고객의 성공을 돕기 위해 일련의 프로세스를 수행한다. 그 과정에서 코치는 묵언, 차수, 하심을 한다. 묵언은 코치 자신이 하고 싶은 말은 참고 고객에게 도움이 되는 말만 하는 것이다. 코치는 자신이 무슨 말을 하는지 알아차려야 하고, 자신의 말이 고객에게 도움이 되는 말인지 알아차려야 한다. 그 과정에서 묵언은 필수적이다. 묵언을 해야 비로소 코치 자신이 하는 말에 대한 알아차림이 생긴다. 해인사의 묵언은 아무 말도 하지 않는 것이지만, 코치의 묵언은 고객에게 도움이 되는 말만 한다는 게 차이점이다.

나는 말이 많은 편이다. 코치가 되기 전엔 더욱 말이 많았다. 스스로 무슨 말을 하는지도 모르면서 말했고, 내가 무슨 말을 했는지 모르는 경우가 더 많았다. 그 과정에서 주위 사람들에게 많은 상처를 줬다.

이제 코치가 되고 나선 스스로 내 말을 검열한다.

'이 말은 꼭 해야 하는 말인가? 안 하면 안 되는가? 나에게도 이익이 되고, 상대방에게도 이익이 되는 말인가?'

고백하건대, 하고 싶은 말의 90% 이상은 안 해도 되는 말이었다. 어떤 말은 해서는 안 되는 말이기도 했다. 지금도 사전 검열을 받지 않고 무심코 말을 하는 경우가 더 많긴 하지만, 예전에 비해선 매우 좋아졌다. 스스로 후회하는 경우도 적어졌고, 사람들에게 상처를 주는 것도 적어지고 관계도 좋아졌다. 코칭을 배우고 나서 자신의 말에 대해 알아차리면서 생긴 커다란 삶의 변화다.

차수는 고객에게 모든 것을 집중하는 것이다. 해인사의 차수가 손을 모아서 자신의 마음에 집중하는 것이라면, 코칭의 차수는 코칭을 하는 동안 고객에게 모든 마음을 집중하는 것이다. 고객에 대한 집중을 통해, 고객이 무슨 말을 하는지 집중해서 듣고, 고객이 원하는 것이 무엇인지 알아차리고, 고객에게 필요한 행동이 무엇인지 알아차리는 것이다.

코칭을 받고 난 고객이 말했다.

"코치님이 저의 마음에 집중하면서 제 마음을 듣고, 제 마음을 묻고 하니까, 이 과정에서 미처 몰랐던 제 마음을 알아차리게 되는 것 같습니다. 혼자서 명상할 땐 계속 집중하지 못하고 여러 생각으로 마음이 분산되곤 했는데, 코칭을 통해 제 마음에 깊이 집중할 수 있었고, 제 마음이 무엇을 원하고 있는지, 제 마음의 소리를 들을 수 있었습니다. 코칭을 받는 게 마치 정신과 치료를 받는 것처럼 힐링이 되는 거 같습니다."

이는 코치가 고객의 마음의 소리를 듣기 위해 집중했기 때문에 가능한 일이다.

묵언, 차수, 하심을 일상에서 실천하면 스스로 성숙해지고 다른 사람들과 행복한 관계를 맺을 수 있다. 코칭은 일상에서 묵언, 차수, 하심하는 훈련이다.

사람들에게 왜 절에 다니는지 물으면 주로 다음과 같이 대답한다.

'가족들의 건강과 행복을 빌기 위해.'

'소원을 빌기 위해.'

'스님의 법문을 듣기 위해.'

'괴로움을 없애고 마음의 평안을 얻기 위해.'

'수행을 하기 위해.'

'깨달음을 얻기 위해.'

이 대답들을 한마디로 정리하면 '괴로움에서 벗어나 행복을 얻기 위해서(離苦得樂)'이다.

사람들에게 왜 코칭을 받는지 물으면 주로 다음과 같이 대답한다.

'조직 생활에서 겪는 인간관계 갈등을 잘 해결하고 싶어서.'

'소통을 잘하는 방법을 알고 싶어서.'

'원하는 목표를 달성하는 방법을 알고 싶어서.'

'더 나은 성과를 내고 싶어서.'

'마음을 관리하는 방법을 알고 싶어서.'

'지금보다 더 나은 삶을 살고 싶어서.'

이 대답들도 한마디로 정리하면 '괴로움에서 벗어나 행복을 얻기 위해서'이다.

절에 다니는 이유가 행복하기 위해서이고, 코칭을 받는 것도 행복하기 위해서라는 걸 알 수 있다.

아침 일찍 선배로부터 연락이 왔다. 지금 자신의 형님을 만나러 가야 하는데, 마음이 심란하고 복잡해서 대화를 통해 마음을 정리하고 싶다고 했다. 선배와 나눈 대화를 간략하게 소개한다.

"선배님, 지금 마음이 어떠세요?"

"그걸 잘 모르겠어."

"선배님의 형님을 생각하면 어떤 느낌이 듭니까?"

"짜증이 나! 우리 형님은 진짜 고집불통이거든~"

(나는 잠시 멈추고 다음 말을 기다렸다.)

"사실, 나도 고집이 세기론 우리 형님과 막상막하지. 그래서 둘이 만나면 서로 자기 생각이 옳다고 우기다가 다투곤 하지."

"선배님은 오늘 형님을 만나서 어떻게 하고 싶으세요?"

"글쎄, 지금 생각해 보니 내 주장만 옳다고 우기면 안 될 거 같네. 그래, 오늘은 형님 말을 먼저 끝까지 들어 볼까?"

"선배님은 형님과 사이좋게 지내고 싶군요?"

"내가?"

"그런 거 같은데요. 그러니까 아침 일찍 저에게 연락해서 마음을 정리하려고 하는 거 아닌가요?"

"곰곰이 생각해 보니, 내가 마음을 정리하고 싶은 게, 형님과 사이좋게 지내고 싶은 마음이라는 게 맞는 거 같네."

"선배님은 지금 형님과 사이좋게 지내고 싶은 자신의 마음을 확인하셨는데, 오늘 형님을 만나서 어떻게 하시고 싶은가요?"

"내 마음이 형님과 사이좋게 지내고 싶은 거라는 걸 확인한 것만으로 정말 기분이 좋네. 내가 이래서 코칭을 받고 싶었다니까……. 나는 코칭을 받을 때마다, 내 자신의 마음을 살피게 되고, 내 마음이 원하는 해결책을 찾을 수 있어서 너무 좋았어. 행복해지고 싶은 사람들에게 코칭을 받으라고 말해 주고 싶어."

코칭이란 무엇인가?

다음 대화를 살펴보자. 코칭에서는 코칭을 하는 사람을 코치(Coach)라 부르고, 코칭을 받는 사람을 고객(Client)이라 부른다.

코치 : 오늘 어떤 이야기를 하고 싶은가요?

고객 : 제가 지금 나이가 50대 중반인데, 언제까지 회사생활을 할 수 있을지, 퇴직을 하면 뭘 해야 할지 막막하고 고민이 많습니다. 앞으로 어떻게 회사생활을 해야 할지, 퇴직 후에는 어떻게 해야 할지에 대해 코칭을 받고 싶습니다.

코치 : 그러시군요. 고객님은 어떻게 되고 싶은데요?

고객 : 그걸 몰라서 코칭을 받고 싶은 건데요.

코치 : 앞으로 어떻게 되고 싶은지, 어떻게 해야 할지, 자신의 마음을 알고 싶다는 거군요.

고객 : 그렇습니다. 제 마음도 알고, 방법도 알고 싶습니다.

코치 : 주변에 퇴직한 사람들 중에서 혹시 닮고 싶은 사람이 있나요?

고객 : 예. 퇴직 후에 전국의 조용한 사찰을 찾아다니면서 건강도 챙기고 동시에 마음의 수양도 하는 선배가 있는데, 그 선배를 닮고 싶다는 생각이 듭니다.

코치 : 그 선배의 어떤 점을 닮고 싶은가요?

고객 : 그 선배가 퇴직한 후에 사찰 순례를 하면서 건강도 챙기고 마음도 수양하는 게 늘 부러웠습니다.

코치 : 고객님도 퇴직 후에 사찰을 순례하면서 건강도 챙기고 마음 수양도 하고 싶다는 건가요?

고객 : 예. 그러네요.

코치 : 건강도 챙기고 마음도 수양이 되면 어떤 점이 좋은가요?

고객 : 예? 너무나 당연한 거 아닌가요? 그렇게 되면 무조건 좋은 거 아닌가요?

코치 : 그렇군요. 무조건 좋은 거군요. 건강을 챙기면서 동시에 마음 수양을 하고 싶은 게 고객님이 원하는 은퇴 후의 삶이군요.

고객 : 그러네요. 지금 코치님과 대화를 하면서, 제가 그동안 일만 하느라 소홀했던 마음의 수양을 하고 싶은 욕구가 있다는 걸 발견했습니다.

위 대화를 살펴보면, 코칭은 고객으로 하여금 자기가 어떻게 되고 싶은지, 무엇을 하고 싶은지 자신의 마음을 발견할 수 있도록 돕는 것임을 알 수 있다. 이런 역할을 잘하기 위해 코치는 다음과 같은 행위를 수행한다.

- 고객이 성취하고자 하는 것을 찾아내고, 명확하게 하고, 정렬시킨다.

- 고객이 자신의 마음을 발견하도록 격려한다.
- 고객이 해결책과 전략을 찾도록 지원한다.
- 고객으로 하여금 책임지고 해내도록 지지한다.

위의 대화를 계속 살펴보자.

코치 : 마음을 수양하고 싶은 욕구를 발견하셨군요.

고객 : 그러네요.

코치 : 여태까지 마음을 수양하기 위해 어떤 걸 해 보셨나요?

고객 : 사찰 순례를 하기도 했고, 108배를 하기도 했고, 명상을 하기
도 했습니다.

코치 : 직장 생활을 하면서도 열심히 노력하셨군요.

고객 : 열심히 한 건 아니고…… 그냥, 틈날 때마다 조금씩 했습니다.

코치 : 앞으로는 어떻게 해 보고 싶은가요?

고객 : (잠시 생각에 잠긴다.) 코치님의 질문을 받고 나니, 명상을 열심히
해 보고 싶어지네요.

코치 : 명상을 열심히 하면 어떤 점이 좋을까요?

고객 : (눈빛이 빛나면서) 아~ 명상을 하면 정말 좋은 점이 많을 거 같아
요. 예전에도 명상을 하고 나면 컨디션이 좋아지고 하루를 기
분 좋게 보낼 수 있었어요.

코치 : 명상이 좋은 거군요. 또 어떤 점이 좋을까요?

고객 : 아침에 명상을 하고 나면 사람들과 대화할 때도 마음이 차분

해지고, 어려운 일을 당해도 당황하지 않았던 거 같습니다. 저에겐 명상을 열심히 하는 게 마음 수양을 하는 것입니다.

코치 : 그렇군요. 고객님에겐 명상을 하는 게 마음 수양 방법이군요. 또 다른 걸 해 보고 싶은 게 있나요?

고객 : 일단, 명상을 열심히 하는 것부터 해 보고 싶습니다.

코치 : 열심히 하는 건 어떻게 하는 것인가요?

고객 : 예? 매일 한 시간 이상은 해야겠지요?

코치 : 고객님의 의지가 느껴지는군요. 매일 한 시간 명상을 하는 데 있어서 예상되는 어려움은 무엇일까요?

(중략)

코치 : 언제부터 하시겠어요?

고객 : 내일부터 당장 시작하겠습니다.

코치 : 고객님은 실행력이 매우 강하시군요. 고객님이 매일 명상을 하는 데, 제가 어떤 걸 도와 드릴 수 있을까요?

고객 : (웃으면서) 제가 명상을 하고 나면 코치님께 카톡으로 자랑을 할게요. 코치님은 그때마다 저에게 잘했다고 칭찬해 주실래요?

코치 : 예. 칭찬을 듬뿍 해 드리겠습니다. 기대가 됩니다.

위의 대화에서 살펴본 것처럼, 고객이 원하는 게 무엇인지 자신의 마음을 발견하고, 실행하고 성취할 수 있도록 돕는 것이 코칭이다. 코칭은 다음과 같이 다양하게 정의된다.

"코칭이란 개인과 조직의 잠재력을 극대화하여 최상의 가치를

실현할 수 있도록 돕는 수평적 파트너십이다."(한국코치협회)

"코칭은 고객의 개인적, 직업적 가능성을 극대화시키기 위해, 영감을 불어넣고 사고를 자극하는 창의적 프로세스 안에서 고객과 파트너 관계를 맺는 것이다."(국제코치연맹)

"코칭은 개인적, 대인관계 상의 효율성을 높이기 위해, 알고 있는 무언가를 용기 있게 실천하도록 도와주는 일이다."(T.G. 크레인)

"코칭은 한 개인이나 그룹을 현재 있는 지점에서 그들이 더 바라는 더 유능하고 만족스러운 지점까지 나아가도록 인도하는 기술이자 행위이다."(게리 콜린스)

위 정의들을 종합해 보면, 코칭은 고객이 원하는 걸 발견하고 실행할 수 있도록 돕는 일련의 프로세스다. 그러므로 코칭을 통해 고객을 돕기 위해선 먼저 코칭 받는 사람들에 대한 이해가 선행돼야 한다. 코칭은 사람을 어떻게 이해하고 있는지 살펴보기로 하자.

누구나 무한한 가능성이 있다

일반적으로 코칭이라 하면 뭔가를 가르쳐 주는 것으로 생각한다. 우리가 알고 있는 가장 대표적인 코칭은 스포츠에서 코치가 선수들이 잘할 수 있도록 지도하는 것이다. 그렇다면, 코칭은 티칭과 무엇이 다른가? 티칭은 지식의 전달을 포함하여 무언가를 가르치는 것이다. 반면에 코칭은 가르치는 것을 포함하여, 선수가 잘할 수 있도록 돕는 것까지 해내는 것이다. 전달하는 내용에서 이들이 구분되기보다, 얼마나 개인의 특성에 맞게 잘 전달하고 실제로 개인에게 어떤 도움이 되는지가 티칭과 코칭이 구분되는 포인트다. 코치가 아무리 열심히 가르쳤다 해도 선수가 게임을 잘하지 못하면, 그 코칭을 성공적이라 하지 않는다. 코치의 도움을 받아서 선수가 게임을 잘 해낼 때 비로소 그 코칭을 성공적이라 말한다. 다음을 비교해 보자.

- **티칭** : 지식, 기술, 태도 등을 가르친다.
- **컨설팅** : 전문적인 지식을 기반으로 하여, 특정한 문제에 대한 해결책을 제시한다.
- **상담** : 내담자의 삶의 문제를 치유의 관점에서 다룬다.

- **멘토링** : 멘토의 경험과 지식을 기반으로 지식과 경험, 방법 등을 전수한다.
- **코칭** : 고객의 성취와 성장을 돕는다.

이들 방법론들은 고객을 돕는다는 측면에서 유사하지만, 각 방법론들은 지향하는 바가 서로 다르다. 코칭은 고객을 가르침의 대상으로 여기지 않는다. 고객 스스로 자신의 삶에 대한 전문가로서, 스스로 자신의 삶에 대한 해답을 가지고 있다고 믿는다. 국제코치연맹은 고객을 다음과 같이 이해한다.

- 모든 사람은 자체로 온전하며(holistic)
- 모든 사람은 필요한 해답을 자신의 내부에 가지고 있으며 (resourceful)
- 모든 사람은 창의적(creative)이다.

또한 한국코치협회는 '모든 사람은 창의적이고, 완전성을 추구하고자 하는 욕구가 있으며, 누구나 내면에 자신의 문제를 스스로 해결할 수 있는 자원을 가지고 있다.'고 믿는다. 에노모토 히데타케는 그의 저서 『마법의 코칭』에서 '모든 사람에게는 무한한 가능성이 있으며, 그 사람에게 필요한 해답은 모두 그 사람 내부에 있다. 해답을 찾기 위해서는 코치가 필요하다.'고 주장했다. 이 주장들의 공통점은 모든 사람은 무한한 가능성이 있다는 것이다. 코칭은 고객의 무한한 가능성을 믿고, 이러한 믿음 위에서 고객의 성장 발전에 초점을 맞추고, 실현하고자 하는 목표를 발견하고, 실행 계획 수립을 지원하고, 실행하고 성취하도록 돕는다. 이를 정리하면 다음과 같다.

- 코칭은 고객의 무한한 가능성을 믿고
- 고객의 성장과 발전에 초점을 맞추어
- 실현하고자 하는 목표를 발견하고
- 실행 계획 수립을 지원하고
- 이를 실행하고 성취하도록 돕는 프로세스다.

그렇다면 불교는 인간을 어떻게 이해하고 있는가?

불교는 모든 사람이 불성(佛性, 부처가 될 수 있는 가능성 혹은 성품)이 있다고 믿는다. 『열반경』에 '일체의 모든 중생은 불성이 있다(一切衆生 悉有佛性).'는 구절이 있다. 모든 사람이 부처가 될 수 있는 가능성이 있다는 말이다. 인간의 마음은 본래 청정해서 부처의 성품을 가지고 있으나 여러 가지 원인들에 의해 일시적으로 더러워져 있을 뿐이라고 생각한다. 그러므로 수행을 통해 더러워져 있는 것들을 닦아 내면 누구나 부처가 될 수 있다고 믿는다.

또한 불교는 모든 사람이 평등하다고 생각한다. 사람은 원래 고정되어 있는 성품이나 모습이 없고, 다만 원인과 조건에 의해 일시적으로 생겼다가 사라지는 연기적 존재로 인식한다. 누구나 원인과 조건이 생기면, 무엇이든지 될 수 있다는 측면에서 누구나 평등한 것이다. 불교의 인간 이해를 정리하면 다음과 같다.

- 사람은 누구나 평등하며
- 누구나 부처가 될 수 있는 가능성이 있다.

경허 스님에게 제자가 물었다.
"스님, 부처가 무엇입니까?"
"벽에 걸려 있는 거울을 들여다봐라. 거기에 부처가 있다."
"거울에는 제 모습밖에 보이지 않는데요."
경허 스님은 죽비로 제자의 등을 사정없이 내려쳤다.
"아야~~ 아니, 왜 때리십니까?"
"아직도 부처를 보지 못했느냐?"
다시 죽비가 작열했다.
"스님, 왜 자꾸 때리십니까?"
"거울을 다시 봐라."
"제 얼굴밖에 안 보인다니까요."
"잘 보거라. 그게 바로 부처이니라."

불교는 모든 사람이 부처가 될 가능성이 있다고 믿고, 코칭은 모든 사람이 무한한 가능성이 있다고 믿는다. 이러한 믿음을 바탕으로 불교는 부처가 되기 위해 수행을 하고, 코칭은 개인의 목표 성취를 위해 노력한다. 누구나 부처가 될 수 있다는 믿음이 불교 수행의 전제 조건이고, 누구나 무한한 가능성이 있다고 믿는 게 코칭의 출발점이다. 자신에게 부처가 될 수 있는 성품이 있다는 걸 의심한다면 부처가 되기 위한 수행을 하지 않을 것이고, 자신에게 더 잘할 수 있는 가능성이 있다는 걸 믿지 않으면 코칭 행위가 무의미해질 것이기 때문이다. 그렇다면 코칭은 구체적으로 어떻게 하는 것인지 살펴보자.

제2장.

코칭의
패러다임

코칭의 구조

코칭은 고객이 무언가를 이루고자 하는 자신의 탁월한 마음을 발견하고, 이를 성취할 수 있도록 돕는 일련의 과정이다. 코칭을 제대로 잘하려면 먼저 코칭의 구조를 이해할 필요가 있다. 다음 그림 '3P 코칭모델'을 통해 코칭의 구조를 살펴보자.

3P 코칭모델

첫째, 패러다임(Paradigm)이다.

패러다임은 코치가 고객을 대하는 마음가짐을 말한다. 그림 맨 아래에 위치하고 있다. 이는 코칭이 성립하기 위한 기반이다. 집의 주춧돌에 해당한다. 코치는 코칭을 시작하기 전에 이 패러다임으로 마음을 챙기고, 코칭을 진행하는 내내 이 마음가짐을 유지해야 비로소 제대로 된 코칭을 할 수 있다.

둘째, 실천(Practice)이다.

그림의 가운데 있는 '실천'은 코칭 전반을 통해 코치가 구체적으로 실천해야 할 행위를 말한다. 코칭 과정에서 코치는 많은 이야기를 듣는다. 고객의 이야기를 들으면서 고객의 탁월한 마음을 발견하고, 이를 성취하는 방법을 찾아낸다. 그 과정에서 코치가 구체적으로 무엇에 집중하고 실천해야 하는지에 대한 가이드이다.

셋째, 프로세스(Process)다.

그림 맨 위에 있는 프로세스는 코칭이 진행되는 순서에 대한 설명이다. 이 순서에 따라 코칭이 진행된다. 그러나 언제나 이 순서대로 코칭이 진행되는 건 아니다. 고객의 상황에 따라 순서가 달라지기도 한다. 코치가 이 구조를 모르고 있으면 순서가 바뀔 때 당황할 수 있지만, 이 구조를 제대로 이해하고 있으면 순서가 달라질 경우에도 당황하지 않고 원만하게 코칭을 진행할 수 있다.

3P 코칭모델은 다음과 같이 정리할 수 있다.

- **패러다임** : 코치는 코칭을 시작하기에 앞서 존중·이해·공감·탁월성의 패러다임으로 마음가짐을 챙긴다.
- **프랙티스** : 코치는 코칭 전반에 걸쳐 고객의 기분·생각·욕구를 알아주는 행위를 실천한다.
- **프로세스** : 발견을 격려하고, 전략 수립을 지원하고, 실행하고 성취하게 하는 순서로 코칭을 진행한다.

> 코칭은 존중·이해·공감·탁월성의 패러다임으로,
> 발견 격려, 전략 수립, 실행 성취의 프로세스에 따라,
> 기분·생각·욕구 알아주기를 실천하는 것이다.

존중, 수리 수리 마하수리

3P 코칭모델 중에서 먼저 코칭의 기반에 해당하는 패러다임에 대해 살펴보자. 패러다임이란 코칭을 이해하는 태도와 고객을 대하는 마음가짐을 말한다.

코칭의 패러다임

패러다임의 첫 번째는 존중이다.

여기서 존중이란 고객의 나이와 지위고하를 막론하고 존재 자체에 대한 존중이다. 앞에서 살펴본 '모든 사람은 온전하고, 해답을 내부에 가지고 있고, 창의적인 존재'라는 인식을 철저하게 지키는 것이다. 고객의 나이가 어리거나, 지위가 낮거나, 해당 주제에 대한 경험이 부족하거나, 지식이 부족한 경우를 막론하고, 존재 자체에 대한 무조건적인 존중이다.

코칭은 고객의 삶을 대상으로, 고객의 마음을 발견하고, 고객이 원하는 것을 이루어 가는 과정이다. 코칭은 철저하게 고객의 삶을 다룬다. 코치의 삶을 다루는 게 아니다. 이때, 코치가 뭔가를 가르치려고 하거나, 코치의 경험대로 따를 것을 주장한다면 이는 고객의 삶이 아니라, 코치가 이상적이라고 생각하는 삶을 살아갈 것을 요구하는 게 된다. 이는 매우 위험하고 코칭을 망가뜨리는 행위가 될 수 있다. 코칭은 고객을 가르치는 게 아니라, 고객으로 하여금 스스로 자기의 탁월한 마음을 발견하고, 자기가 원하는 것을 달성할 수 있는 전략을 수립하고, 구체적인 실천을 통해 성취를 이룰 수 있도록 돕는 것이라는 걸 잊어선 안 된다.

『법화경』에 상불경보살 이야기가 있다. 상불경보살은 만나는 사람마다 "나는 당신을 공경합니다. 당신은 반드시 성불할 사람이기 때문입니다."라고 예배했다. 다른 수행은 하지 않고 오직 사람들을 공경하기만 했다. 어떤 사람은 화를 내기도 하고, 어떤 사람은 욕을 하기도 했지만, 상불경보살은 사람들에게 예배하는 것을 계속했다. 그렇게 사람들을 공경한 공덕으로 상불경보살은 성불했다.

이 이야기는 코치들에게 시사하는 바가 매우 크다. 코치들의 경험에 의하면, 고객을 돕기 위해서 코칭을 하는데, 코칭하는 시간이 쌓여 갈수록 코치가 더 행복해진다. 고객을 성불할 수 있는 가능성의 존재로 여기고 무한 존중하는 과정을 통해, 고객에게 도움이 되는 성과를 낼 뿐만 아니라, 코치 자신도 행복해지고 코치 자신이 한층 더 성숙해지는 것이다. 마치 상불경보살 이야기와 닮았다.

동료 코치의 딸과 나누었던 대화를 소개한다. 편의상 동료 코치의 딸을 고객으로 칭하고, 나는 코치로 칭하기로 한다.

고객 : 코치님, 우리 아빠가 코치가 되고 나서 엄청 달라졌어요. 마치 다른 사람이 된 거 같아요.

코치 : 아빠의 변한 모습에 많이 놀란 모양이구나?

고객 : 예. 우리 아빠가 맞나? 무슨 일이 있었나? 하는 의심이 들 정도 예요.

코치 : 그런 의심이 들 정도라면 많은 변화가 있는 거 같은데, 조금 자세하게 말해 볼래?

고객 : 가장 크게 변한 게, 잔소리를 하지 않는 거예요. 예전 같으면 사사건건 간섭하고 잔소리를 할 만한 데도 지금은 제 생각을 먼저 묻고, 제 생각을 존중하고 지지해 주는 거 같아요. 처음 엔 아빠가 무슨 꿍꿍이가 있는 거 아닌지 의심이 들기도 했 는데, 지금은 진심이라는 걸 알겠어요. 제가 딸이라고 해서 제 생각을 무시하지 않고, 제 이야기를 끝까지 들어주고 존중 해 주니까 너무 좋아요. 예전엔 아빠의 잔소리 때문에 아빠와 대화하고 싶은 마음이 없었는데, 지금은 제 생각을 존중해 주

니까, 무슨 어려움이 있으면 아빠와 제일 먼저 상의를 할 정
도예요.

코치 : 정말 대단한 변화로구나.

코치들은 다음과 같이 마음을 챙긴다.

- 고객을 교정의 대상으로 여기지 않는다.
- 고객을 일방적으로 평가하거나 판단하지 않는다.
- 고객을 가르침의 대상으로 여기지 않는다.
- 코치의 생각을 조언하거나 충고하지 않는다.

코치가 이렇게 하는 이유는, 고객은 온전하고, 스스로 해답을
내부에 가지고 있고, 창의적인 존재라고 생각하기 때문이다.

『천수경』은 '수리 수리 마하수리 수수리 사바하'라는 진언으로
시작한다. '존귀한 분이시여, 존귀한 분이시여, 최고로 존귀한 분이
시여'라는 뜻이다. 이 주문을 외우면 마음이 경건해지고, 입으로 지
은 모든 죄가 깨끗해진다고 한다. 그래서 경전을 읽기 전에 이 주문
부터 외운다. 코치도 코칭을 시작하기 전에 고객에 대해 이 주문을
외우면 어떨까?

> **수리 수리 마하수리 수수리 사바하**
> **존귀한 분이시여, 존귀한 분이시여, 최고로 존귀한 분이시여!**

어떻게 하면 코칭을 잘할 수 있는지 사람들이 묻는다. 나는 주로 3가지를 강조한다.

첫째, 고객을 더 크게 믿어라.

둘째, 고객을 무한 존중하라.

셋째, 조언하거나 충고하지 마라.

고객을 더 크게 믿는다는 건 고객이 스스로 생각하는 자신의 가능성보다, 코치가 더 크게 고객의 가능성을 믿는다는 뜻이다. 조언하거나 충고하지 말라는 건 코치가 생각하는 정답은 코치의 정답이지 고객의 정답은 아니라는 뜻이다.

지금까지 살펴본 것처럼, 사람은 누구나 무한한 가능성의 존재라는 게 불교와 코칭의 사람에 대한 인식의 공통점이다. 어떻게 하면 코칭을 잘할 수 있는지 질문하는 사람들에게 다시 한 번 강조한다. 이 한 가지만 지켜도 훌륭한 코칭을 할 수 있다.

> **누구나 부처가 될 수 있다는 것을 믿고, 무한 존중하라.**

나는 일상에서 '존중'이라는 마음가짐을 놓쳤을 때, 나도 모르게 상대방을 무시하고 잘난 체하는 경우가 많다. 이렇게 되면 반드시 나쁜 업을 쌓게 된다. 상대방과의 관계 계좌에 잔고가 마이너스가 되고 만다. 불교에서 말하는 하심까지는 아니더라도, 상대방을 무시하지 않고 존재로서 존중하는 마음을 챙기면서 상대방을 대할 때는 모든 게 달라진다. 상대방에 대한 생각과 말과 행동을 모두 조심하게 된다. 그렇게 하면 관계가 좋아지고 감정 계좌에 잔고가 쌓인다. 일상에서 존중하는 마음을 챙기는 것은 좋은 업을 쌓는 최고의 비결이라는 걸 지금도 매일 경험하고 있다.

이해, 평상심이 도다

패러다임의 두 번째는 고객에 대한 이해이다.

코칭은 고객이 원하는 것을 발견하고, 그걸 성취할 수 있도록 도와주는 일련의 작업이다. 그러므로 고객이 진짜로 원하는 게 무엇인지 알아야 한다. 고객이 원하는 걸 제대로 알기 위해선 고객에 대한 이해가 선행되어야 한다. 고객을 이해한다는 건 다음의 것들을 아는 것이다.

- 고객이 중요하게 생각하는 가치, 신념
- 고객의 중요한 경험, 배경, 맥락
- 고객이 처해 있는 환경
- 고객의 주요한 관심, 성향, 스타일, 관점 등
- 고객의 중요한 욕구

내가 30대 후반이었을 때의 일이었다. 내가 불교에 관심이 있다는 걸 알고 있던 직장 동료가 삼천 배를 해 보지 않겠는지 권유했다. 당시는 성철 스님의 영향으로 삼천 배가 유행할 때였다. 나는 삼천 배가 어떤 건지도 모른 채, 삼천 배를 하면 한 가지 소원은 이루어진다는 말을 철석같이 믿고 도선사의 삼천 배 수행에 참가했다. 토요일 오후 7시경에 시작해서 다음 날 새벽 4시까지 삼천 번 절을 하는 것이었다. 동료의 권유로 멋도 모르고 참여했던 나는 50배를 채 하기도 전에 후회를 막심하게 했다. 허리는 끊어질 듯 아팠고, 다리도 후들거렸다. 중간에 빠져나가려고 주위를 둘러봤다. 내 주위엔 70세가 훌쩍 넘어 보이는 할머니들이 열심히 절을 하고 있었다. 눈치가 보여서 중간에는 도저히 빠져나갈 수가 없었다. 500배를 하고 난 후에 휴식 시간이 있다고 해서, 그때 빠져나가기로 마음을 먹고 절을 계속하기 시작했다. 절을 통해 몸을 조복 받는다는 말이 무슨 뜻인지 실감했다. 몸이 으스러지는 것 같았다. 500배가 끝나고 휴식 시간이 되어 집에 가려고 주섬주섬 짐을 챙기고 있는데, 뒤쪽에 있던 할머니가 귤을 한 개 주면서 말을 건넸다. "젊은 사람이 절을 참 예쁘게 잘하네요. 이렇게 신심이 깊고 절을 열심히 하니까 부인이 얼마나 좋아할까?" 그 말을 듣는 순간, 나는 숨이 멎을 뻔했다. 아뿔싸! 그 말을 듣고 곧바로 집으로 돌아갈 수는 없었다. 휴식 시간이 끝나고도 할 수 없이 절을 계속하게 되었다. 삼천 배를 하는 동안 내 몸은 삼천 번도 더 죽어났다. 그런데 신기한 일이 일어났다. 천 배가 넘어가면서부터 몸은 힘든데 정신은 맑아지는 것이었다. 그렇게 겨우 삼천 배를 마치고 새벽에 집에 갔는데, 아내가 깜짝 놀라며 말했다.

"절에서 무슨 일이 있었어요? 얼굴이 어쩜 이렇게 맑아졌어요~"

아내의 말을 듣고 거울을 보니 내가 봐도 얼굴이 아주 맑아 보였다. 아내가 얼마나 좋아하던지…… 아내에게 잘 보이려고 그렇게 힘들었던 삼천 배를 그 후에 두 번이나 더 했다. 고백하건대, 삼천 배는 사람이 할 짓은 아니다.

나의 이야기를 들은 후배가 말했다.

"선배님은 다른 사람들의 칭찬에 약하고 눈치를 많이 보는 것 같네요."

후배의 말이 틀린 말은 아니다. 실제로 나는 명예와 평판을 매우 중시한다. 다른 사람들의 인정을 받기 위해 더욱 열심히 노력하는 경향이 있다. 이때 후배처럼 자기 생각을 가감 없이 말해 주는 것도 도움이 될 수 있겠지만, 실제론 그다지 큰 도움이 되지 않는다.

코치는 다음과 같은 질문을 통해 고객 스스로 성찰하게 하고 고객의 성장을 돕는다.

코치 : 이때 고객님이 삼천 배를 끝까지 할 수 있게 한 원동력은 무엇이었습니까?

고객 : 저는 다른 사람들이 잘한다고 인정해 주면, 비록 제가 힘들어도 참고 견디는 경향이 있습니다. 이번에도 주위 사람들의 인정과 칭찬이 제가 끝까지 삼천 배를 할 수 있게 해 준 거라는 생각이 듭니다.

코치 : 그러시군요. 다른 사람들의 인정과 칭찬을 중요하게 생각하시는군요.

고객 : 제가 평소에도 그렇다는 걸 알고 있었는데, 신기하게도 이 사례를 통해서도 확인이 되네요.

코치 : 그 후에도 삼천 배를 두 번이나 더 하신, 고객님은 어떤 사람인 것 같습니까?

고객 : 비록 힘들어도 아내가 기뻐하니까 두 번이나 더 했는데, 제가 아내를 많이 사랑하는 거 같네요.

코치 : 고객님은 아내를 기쁘게 해 주고 싶어 하고, 아내를 사랑하는 분이시군요.

고객에 대한 이해는 고객을 평가하거나 판단하기 위한 게 아니다. 존재 자체로서 그 사람을 통합적으로 이해하고, 고객이 진짜로 원하는 목표를 달성할 수 있도록 돕는 게 목적이다.

사찰의 일주문이나 선방에 '입차문래 막존지해(入此門來 莫存知解)'라는 글귀가 걸려 있다. 이 문으로 들어오면 알음알이를 내지 말라는 뜻이다. 알음알이는 판단하고 따지는 마음을 말한다. 진리를 구하려면 자신의 지식과 경험에서 비롯되는 판단을 내려놓고, 있는 그대로 보고 들어야 한다는 것이다.

마조 도일 스님은 '평상심이 곧 도(道)'라고 했다. 이때의 평상심은 흔히 말하는 일상적인 마음을 말하는 게 아니라, 인위적인 조작이 없고 시비분별이 없는 마음을 말한다. 편견으로 차별하지 않고, 고정관념으로 자기 생각이 옳다고 주장하지 않는 마음이다.

승찬 대사는 신심명에서 "지극한 도를 얻는 것은 조금도 어렵지 않다. 오직 취사선택하고 분별하는 마음을 일으키지 않으면 된다. 분별하는 마음을 일으키지 않는다면 깨달음의 경지가 분명하게 드러난다."고 했다.

이처럼 불교에선 시시비비를 따지지 않고 있는 그대로 보는 것을 최고의 경지로 여긴다. 그러나 우리는 있는 그대로 보고 듣기 어렵다. 우리는 모두 자신의 인식 구조를 통해 세상을 볼 수밖에 없기 때문이다.

'어, 저 사람 왜 그래? 저게 아닌데…… 저렇게 하면 안 될 텐데.'

'저 사람은 매사에 부정적이네.'

'저 사람은 게으르구먼! 더 열심히 해야겠는데.'

'저 사람은 조금 허황된 거 같네.'

우리는 누구나 판단하는 존재다. 자신의 지식과 경험 등 자신의 컴퓨터에 저장되어 있는 정보를 통해서 판단할 수밖에 없다. 자기가 본 것만 가지고 판단할 수밖에 없는 것이다.

진나라에 악광이라는 사람이 있었다. 악광에게 절친한 친구가 있었는데 한동안 만날 수 없었다. 친구의 발걸음이 뜸해진 걸 이상하게 여긴 악광은 친구를 찾아갔다. 친구의 안색이 좋지 않았다. 어찌된 일인지 묻자 친구가 대답했다.

"지난번에 자네 집에서 술을 마실 때 술잔 속에 뱀이 보이지 않겠나. 기분이 찜찜했지만 자네가 무안해 할까 봐 그냥 마셨는데, 그날 이후 병이 났네."

악광이 곰곰이 생각해 보니 지난번에 함께 술을 마셨던 방에 활이 걸려 있었고, 활에 뱀의 그림이 그려져 있는 게 생각났다. 악광은 친구가 이야기한 뱀의 정체를 알고 미소를 지었다. 친구가 말한 술잔 속의 뱀은 활에 그려진 뱀이 술잔에 비추어진 것이었다. 악광은 친구를 다시 초대했다. 친구를 지난번에 앉았던 그 자리에 앉게 하고는 술잔에 술을 따라 주었다. 악광이 물었다.

"술잔에 무엇이 보이는가?"

"뱀이 보이네."

악광이 웃으면서 말했다.

"자네 술잔 속에 보이는 뱀은 저 벽에 걸린 활에 그려진 뱀의 그림자이네."

벽에 걸린 활을 확인한 친구는 밝게 웃었다. 그리고 병이 씻은 듯 나았다.

우리가 어떤 사람을 볼 때, 우리는 그 사람의 실재를 보는 게 아니라, 자기 인식 속의 그 사람을 본다. 부부가 함께 살지만, 서로의 인식 속에 존재하는 부부는 서로 다른 모습이라는 걸 우리는 너무나 잘 알고 있다. 우리는 실재의 그 사람과 살고 있는 게 아니라, '내 인식 속의 그 사람'과 함께 살고 있는 것이다. 이게 바로 불교에서도 판단을 내려놓으라 하고, 코칭에서도 판단을 내려놓으라 하는 이유다. 불교에선 자기 인식의 한계에서 벗어나지 않으면 진리로 나아가기 어렵기에 판단을 내려놓으라 하는 것이고, 코칭에선 코치의 기준으로 판단하지 않고 있는 그대로 볼 수 있어야 고객을 제대로 이해할 수 있기 때문에 판단을 내려놓으라 하는 것이다. 그러나 이건 정말 어렵다. 끊임없이 노력해야 겨우 시늉이라도 할 수 있게 된다.

오래전의 일이다. 누가 물었다.

"당신에게 코칭이란 무엇입니까?"

나는 조금도 망설임 없이 대답했다.

"코칭은 수행입니다."

내 판단을 내려놓고, 있는 그대로 보고 듣는 연습을 하는 게 곧 수행 아니겠는가. 코칭을 공부하는 코치들이 자주 하는 말이 있다.

"이건, 코칭을 배우는 게 아니라, 마치 수행자의 길을 걷는 것 같습니다."

"이거, 진짜 사람이 되는 연습을 하는 거 같습니다. 코칭은 인간 연습입니다."

"이렇게 판단하지 않고 들으면 도인이 될 거 같습니다."

"이러다가 몸에서 사리가 나오겠습니다."

정리하면, 코치는 다음과 같은 태도로 고객을 대한다.

- 상불경보살이 예배하는 것처럼 공경하는 마음으로
- '수리 수리 마하 수리 수수리 사바하' 진언을 외우면서
- 시시비비를 따지지 않는 평상심으로 대한다.

나는 시시비비를 따지지 않고, 판단하지 않는 연습을 지속적으로 하면서 마음이 덜 시끄럽고, 짜증이 덜 나게 됐다.

[사실] 10분 만에 오는 버스를 타려고 뛰어갔는데 간발의 차이로 놓쳤다.

[판단] 저 버스 기사는 고객에 대한 배려가 없네. 내가 뛰어가는 걸 백미러로 볼 수 있었을 텐데, 조금만 기다려 주지. 너무 하네.

이때 판단을 제거하면 '버스를 놓쳤네.'하고 거기서 멈추게 된다. 버스 기사에 대한 짜증이 나지 않게 된다.

[사실] 지하철 계단에서 앞사람이 긴 우산을 앞뒤로 흔들면서 올라갔다. 뒤따라가던 나는 우산에 찔릴 뻔했다.

[판단] 저 사람, 왜 저래? 매너가 꽝이네. 사람이 다치기라도 하면 어쩌려고 그래?

이때도 판단을 제거하면 '우산을 흔들면서 가는 바람에 우산에 찔릴 뻔했네.'하고 거기서 멈추게 된다. 짜증이 훨씬 덜 올라온다.

[사실] 고객이 강의 일정을 세 번 변경했다.

[판단] 저 사람, 왜 저래? 예의가 없는 사람이네. 자기 일정이 중요한 만큼 상대방 일정도 소중하다는 걸 알아야지, 저런 식으로 매

너가 없으면 안 되지!

이때도 판단을 제거하면, '일정을 세 번 바꾸었네.'로 끝난다. 더이상의 스토리를 쓰지 않는다.

그러나 이건 쉽진 않다. 쉽지 않기에 연습하는 것이다. 이 말들이 비현실적으로 느껴질지 모르겠으나, 나는 일상에서 판단을 제거하는 연습을 하면서 짜증이 많이 줄어들고, 행복 지수가 훨씬 높아지는 걸 경험하고 있다.

부처님은 판단을 중지하고, 판단을 내려놓는 것을 일러 두 번째 화살을 맞지 않는 것이라 했다. 살면서 고통과 고뇌가 생기기 마련인데, 이건 피할 수가 없다. 살아가면서 어쩔 수 없이 겪게 되는 일을 일컬어 첫 번째 화살을 맞는다고 한다. 그런데 그 이후의 반응이 문제다. 피할 수 없는 어려움을 당했을 때, 그걸 있는 그대로 받아들이지 못하고, 거기에 심각하게 반응함으로써 고통을 가중시키는 걸일컬어 두 번째 화살을 맞는다고 한다. 두 번째 화살은 어떤 일에 대해 자신이 내리는 해석과 판단이다. 자신에게 화살을 쏘는 것과 같은 판단을 내려놓을 수 있다면 조금이라도 더 행복한 삶을 살 수 있을 것이다.

공감, 무아의 지혜

패러다임의 세 번째는 고객에 대한 공감이다.

　코칭을 할 때 가장 큰 장애 요소는 코치가 뭔가를 잘하고 싶은 마음에 사로잡히는 것이다. 잘하고 싶은 게 뭐가 나쁘냐고 생각할지도 모르겠다. 그러나 코치 자신이 뭔가를 잘하고 싶은 마음은 문제를 일으킨다.

　스님에게 물었다.

　"스님, 제가 어떻게 하면 코칭을 잘할 수 있겠습니까?"

　스님이 말했다.

　"거사님은 그게 문제입니다. 왜 자기가 잘하려고 합니까?"

　나는 항변했다.

　"제가 잘하려고 하는 게 뭐가 문제입니까?"

　"코치가 잘하는 코칭이 아니라, 고객에게 도움이 되는 코칭을 해야지요. 거사님은 항상 '나'라는 생각에 사로잡혀 있어서 그렇습니다. 제법무아의 진리를 모르는 까닭이지요."

　"스님, 제법무아가 무슨 뜻입니까?"

　"거사님, 인감도장 있습니까?"

　"예. 취직하고 나서 제일 먼저 만들었지요. 인감도장이 좋으면 부자가 될 수 있지 않을까 해서 비싼 걸로 만들었습니다. 벼락 맞은 대추나무로 만든 인감도장이 있습니다."

"벼락 맞은 대추나무로 만든 인감도장이라…… 거사님, 부자 되겠네요."

"감사합니다."

"불교에도 삼법인이라는 인감도장이 있습니다. 진리를 증명하는 세 개의 도장이지요."

"불교에 세 개의 인감도장이 있다고요?"

"그렇습니다. 거사님도 많이 들어 봤겠지만, 제행무상(諸行無常)·제법무아(諸法無我)·일체개고(一切皆苦) 이 세 개가 불교의 인감도장입니다."

"저도 제행무상에 대해 들어 본 거 같습니다."

"제행무상은 '모든 것은 변화한다. 변하지 않고 영원한 것은 없다.'는 뜻인데 사람들이 이걸 허무주의로 잘못 해석하고 있습니다. 이 말은 허무주의가 아닙니다. 어떤 존재 현상이 영원할 거라는 잘못된 믿음에 대한 가르침입니다. 즐거움과 마찬가지로 괴로움도 영원하지 않습니다. '이 또한 지나가리라.'하는 말과 같은 뜻으로 해석하면 좋습니다."

"제행무상을 '이 또한 지나가리라.'로 해석하니까, 허무주의가 아니라 오히려 희망의 메시지로 느껴집니다."

"그렇습니다. 제행무상은 변화의 순간을 알아차리는 지혜를 가지라는 뜻입니다."

"스님, 변화의 순간을 알아차리는 지혜에 대해 조금 더 말씀해 주십시오."

"모든 것은 고정되어 있지 않고 변한다는 것은 특정한 시점에만 변하는 게 아니라, 변화는 흐름이고 연속이라는 뜻입니다. 지금 이런 말을 하고 있는 이 순간에도 변화가 일어나고 있습니다. 매 순간에 어떤 변화가 일어나는지 알아차리는 게 제행무상의 진정한 의미입니다. 거사님은 지금 자신이 숨 쉬고 있는 걸 알아차리고 있습니까?"

"숨을 쉬고 있는 건 분명하지만, 알아차리고 있지는 못합니다."

"자신이 숨을 내쉬는 순간을 알아차리고, 숨을 들이마시는 순간을 알아차리는 게 바로 변화의 순간을 알아차리는 지혜입니다."

"스님, 알 듯 말 듯 합니다."

"제행무상의 지혜는 지금 이 순간에 깨어 있고, 지금 이 순간을 알아차리는 것입니다. 지금 자신이 어떤 생각을 하고 있는지 알아차리고, 어떤 말을 하는지 알아차리고, 숨을 내쉬고 있는지 들이마시고 있는지 알아차리는 것입니다. 지금 이 순간에 일어나고 있는 자기 존재의 변화 현상을 알아차리는 거지요."

"스님, 이건 코치가 고객에게 일어나는 변화의 순간을 알아차리는 것과 같은데요."

"고객에게 일어나는 변화뿐만 아니라, 코치 자신에게 일어나는 변화까지 알아차리는 게 제행무상의 원리를 아는 지혜입니다."

"그것, 참 신기합니다. 저는 제행무상을 모든 것은 변한다. 그래서 허무하고 괴롭다는 것으로 이해하고 있었는데, 제행무상이 모든 변화의 순간을 알아차리는 거라는 말씀을 듣고 나니까, 뭔가 희망이 생기는 거 같습니다."

"그게 전부가 아닙니다. 제행무상의 원리에 의하면, 모든 것은 현재입니다. 과거는 이미 지나가 버렸고, 미래는 아직 오지 않았기에 존재하지 않습니다. 그래서 언제나 현재만 존재하는 것입니다. 과거도 없고, 미래도 없고, 현재만 있기에 영원히 현재입니다. 현재의 생각으로 과거의 기억을 바꿀 수도 있고, 현재의 생각으로 미래에 대한 기대를 바꿀 수도 있습니다. 모든 것은 현재의 생각과 행동에 달려 있습니다. 현재가 모든 걸 결정합니다. 그래서 현재를 마법이라고 하는 것입니다."

"스님, 그러니까 제행무상은 현재의 모든 순간을 알아차리고, 현재의 모든 순간에 집중하라는 뜻이군요."

"바로 그겁니다."

"스님, 코칭에선 '고객과 순간을 함께 춤추라(dance in the moment).'라는 말이 있는데, 이 말이 제행무상의 원리에 기반하고 있는 거군요?"

"그렇게 볼 수 있겠네요. 고객의 모든 순간에 대해 집중하는 것을 고객과 함께 순간을 춤춘다고 표현하는 게 재미있네요."

"스님, 아까 제가 제법무아의 진리를 몰라서 '나'라는 생각에 사로잡혀 있다고 하셨는데, 제법무아에 대해 말씀해 주십시오."

"제법무아란 모든 것은 실체가 없다는 뜻인데, 이걸 줄여서 '무아'라고 부릅니다. 사람들이 잘 받아들이지 못하고 힘들어하는 거지요. 내가 엄연히 존재하고 있는데 '내가 없다. 무아다.'하는 말은 이해하기 어렵지 않겠습니까?"

"그렇습니다. 스님, 저도 '무아'라는 말을 그대로 받아들이기 어렵습니다. 내가 엄연히 있는데 내가 없다고 하니까……."

"여기서 무아라는 말은 '엄연히 존재하고 있는 실체로서의 내가 없다.'는 뜻이 아니라, '고정되어 변하지 않는 실체로서의 나는 없다.'는 뜻입니다. 지금 눈앞에 보이는 내가 없다고 말한다면 그게 어디 말이 되겠습니까?"

"그러게 말입니다. '내가 없다.'라는 말이 무아의 뜻 아닌가요?"

"거기에 한 마디를 더 붙여야지요. 무아란 '변하지 않고 고정되어 있는 나'라는 것은 없다는 뜻입니다. '내가 있다.'거나 '내가 무엇이다.'하고 자신에 집착하는 사람들에 대한 처방입니다."

"무아라는 말을 '변하지 않고 고정되어 있는 나라는 것은 없다.'라는 뜻으로 해석하니까 조금 와닿는 거 같습니다."

"이게 무슨 말인가 하면, 변하지 않는 특정한 모습으로서의 고정된 자기가 있을 거라고 집착하지 말라는 뜻입니다. 인간은 시시각각으로 변하는 존재이기 때문에 고정불변한 모습이 아니라는 뜻이지요."

"스님, 고정불변하는 내가 존재한다는 착각을 벗어나면 자기가 잘났다는 마음, 교만한 마음, 이기적인 마음 등이 없어질 거 같은데요."

"그게 바로 무아의 지혜입니다. 거사님은 벌써 무아의 지혜를 터득했군요."

"무아의 지혜라고요?"

"고정된 나라는 개념이 없기 때문에 집착하지 않고, 잘난 체하지 않고, 교만하지 않고, 유연하고 열려 있는 마음이 되는 거지요."

"스님, 그건 코칭에서 말하는 '에고리스(egoless)'인 거 같습니다. 코칭에선 코치 자신의 생각이 옳다고 주장하지 않고, 자신의 생각을 내려놓고, 고객의 생각을 열려 있는 마음으로 수용하는 걸 에고리스라 합니다."

"에고리스가 그런 뜻이라면 무아와 같은 걸로 이해해도 되겠군요."

코치도 마찬가지다. 언제 어디서나 코치인 사람은 없다. 고정 불변하는 코치는 존재하지 않는다. 코치는 홀로 존재하는 개념이 아니다. 코치는 고객이 있을 때 비로소 존재할 수 있다. 그런 측면에서 코치는 '무아'다. 여기서 '무아'란 코치가 없다는 뜻이 아니라, 코치로서 고정된 존재는 없다는 뜻이다. 고객과 코치는 서로 원인이되고, 서로 조건이 되면서, 상호 의존하는 관계다. 이런 상호의존적 관계를 코칭 관계라 부른다. 코칭 관계는 다음과 같은 특징이 있다.

- 코치는 홀로 존재하는 게 아니라, 고객이 있어야 비로소 존재할 수 있다.

- 코치와 고객의 개념은 고정불변이 아니라, 관계 속에서 변화한다.
- 코치와 고객은 수직적 관계가 아니라, 서로 협업하는 대등한 관계다.
- 고객은 코치에게 파워를 허용하는 게 아니라, 코칭 관계에 파워를 허용한다.
- 코치가 강력한 것이 아니라, 코칭 관계가 강력하다.

코칭 관계를 이해했다면, 고정불변하게 존재하는 코치는 없다는 '무아'의 개념을 이해할 수 있을 것이다. '무아'이기 때문에, 코치는 자기가 잘나고 싶은 마음을 내려놓아야 한다. 고정불변하게 존재하는 코치가 있다는 착각에서 벗어나야 하는 것이다. 그러므로 코치는 철저하게 자신을 내려놓고 자기 관리를 해야 한다. 다음을 '코치의 자기 관리'라 부른다.

- 코치 자신의 의견, 경험, 에고 등을 내려놓는 것
- 일방적으로 조언하거나 충고하지 않는 것
- 코치 자신의 경험과 지식이 옳다는 생각에서 벗어나는 것
- 코치 자신이 멋있게 보이려는 생각을 내려놓는 것

코치는 상호의존적 존재이다. 그럼에도 불구하고 코치가 자신을 내세우고 싶은 마음을 갖거나, 뭔가를 가르치고 싶어 하거나, 고

객을 자신의 의도대로 이끌고 가려고 하면 코칭은 망가진다. '코치'라고 할 만한 게 없다는 '무아'의 개념을 철저하게 이해해야 할 것이다.

코치의 '무아'에 대한 이해는 자신의 판단을 내려놓고 고객에게 공감하는 것으로 드러난다. 공감은 옳다 그르다는 판단을 넘어서는 개념이다. 내 생각과 같을 때는 공감하지만, 내 생각과 다를 때는 공감하지 않는 것은 공감의 개념을 제대로 이해하지 못한 것이다. 동감이 자신의 생각과 같을 때 동의하는 것이라면, 공감은 비록 자기 생각과 다를지라도 상대방의 경험과 생각 등을 존중하는 것이다. 그러므로 코칭에선 공감이 필수적으로 요구된다. 공감을 잘하기 위해선 적극적으로 경청해야 한다. 적극적 경청은 고객이 말한 것과 말하지 않은 것에까지 집중하여, 고객이 처한 맥락에서 드러나는 모든 것을 이해하고, 고객이 스스로 자신을 표현할 수 있도록 지원하는 것이다. 적극적 경청의 방법은 다음과 같다.

- 고객의 성향, 고객의 상황, 고객의 경험, 가치와 신념 등을 존중한다.
- 고객의 말을 그대로 반영하거나 요약한다.
- 고객이 말하지 않은 무언가가 있을 때 이를 알아차리고 질문한다.
- 감정, 에너지 변화, 비언어적인 표현 등 고객의 모든 행동들에 대해 알아차린다.

- 고객이 사용하는 단어, 고객의 목소리 톤, 몸짓을 통합적으로 듣는다.

나는 약 10년 동안 염불을 했다. 염불은 입으로 소리를 내는 걸 넘어서 자기 염불 소리를 자기 귀로 듣는 것이다. 자기 염불 소리를 들으면서 자신의 마음 상태를 살피는 것이다. 자기 소리를 들으면서 염불을 하면, 지금 슬픈 마음이 올라오는지, 마음이 들떠 있는지, 즐거운지 등 자신의 마음을 세밀하게 느낄 수 있다. 자신의 소리를 들으면서 염불을 하는 걸 '반문문성(反聞聞性)'이라 한다. 반문문성은 '들은 것을 되돌려서(反聞) 자신의 본성이 듣게 한다(聞性).'는 뜻이다. 들리는 소리를 들으면서 자신의 마음을 깨닫는 수행이다. 이를 이근원통(耳根圓通) 수행법이라 한다. 이게 익숙해지면 자신이 하는 말을 자신이 스스로 들으면서(자신이 무슨 말을 하고 있는지 알아차리면서) 말할 수 있게 된다.

자기 내면의 소리를 들을 수 있는 힘이 있어야 다른 사람의 말을 있는 그대로 들을 수 있는 능력이 아울러 생긴다. 공감을 잘하기 위해선 적극적 경청을 해야 하고, 적극적 경청을 잘하기 위해선 먼저 자신의 내면의 소리를 세밀하게 들을 수 있는 힘이 있어야 하는 것이다.

나는 이근원통의 경지에 이르진 못했다. 하지만 염불을 하면서 반문문성을 꾸준히 훈련한 덕분으로, 강의하면서 '강의하는 내 목소리'를 들을 수 있는 힘이 어느 정도 생긴 것 같다. 또 코칭을 하면서도 '내가 하는 말'을 스스로 들으면서 코칭할 수 있는 능력도 생긴 것 같다.

『코액티브 코칭』(임광수 역, 2016)에서는 경청을 3단계로 구분한다.

1단계 경청은 자기중심적 경청(Internal Listening)이다.

- 주의가 자기 자신에게 집중되어 있다.
- 고객의 말은 듣지만, 그 말이 코치 자신에게 어떤 의미가 있는지에 주의를 기울인다.
- 스포트라이트가 코치 자신이다. 자신의 생각, 판단, 느낌, 자신이 내린 결론에 집중한다.

다음은 1단계 경청의 대화 예시이다.

코치 : 오늘 어떤 이야기를 해 볼까요?
고객 : 어떻게 하면 제 아들과 허심탄회하게 대화를 할 수 있는지 방법을 알고 싶습니다.
코치 : 조금 자세하게 말해 주세요.
고객 : 제 아들이 고등학교 2학년인데, 3학년에 올라가기 전 겨울 방학에 휴학을 하겠답니다. 지금 성적으론 자기가 원하는 대학

에 가기 어려우니까, 휴학을 해서 실력을 쌓고 난 후에 3학년에 진학하겠다는 겁니다. 제 생각엔 그냥 3학년에 진학해서 열심히 해 보고 그래도 안 되면 그때 가서 재수를 하면 되는 거지, 미리 겁을 먹고 휴학을 하겠다는 건 말이 안 되는 것 같아서요. 그 문제에 대해 아들과 허심탄회하게 이야기를 해 보고 싶은데 잘되지 않습니다.

코치 : 아들과 허심탄회하게 대화하고 싶은 건가요? 아니면 아들을 설득하고 싶은 건가요?

고객 : 잘 설득되지 않을 거 같아서 설득을 잘하는 방법을 알고 싶은 겁니다.

코치 : 아들이 이미 자기 마음을 정한 거 같은데 설득이 잘 될까요?

고객 : 저도 그게 염려가 되긴 합니다.

코치 : 제 생각엔 아들 생각도 일리가 있는 거 같은데, 결과가 어떻게 될지는 모르는 거니까 아들에게 맡겨 두는 게 좋을 것 같다는 생각이 듭니다.

고객 : 글쎄요…….

이게 1단계 경청이다. 고객의 말을 듣긴 하지만, 코치 자신의 생각에 집중하고 있다.

2단계 경청은 고객 중심의 경청(Focused Listening)이다.

- 고객에게 주의를 집중한다.
- 고객의 말과 표정, 감정, 고객이 제공하는 모든 걸 듣는다.
- 고객이 무엇을 말하고, 어떻게 말하는지 알아차린다.
- 고객이 말하지 않는 것도 알아차린다.
- 고객이 웃는 모습도 보고, 고객의 음성 안에 묻어 있는 눈물도 듣는다.
- 고객이 가치 있게 생각하는 것을 듣는다.
- 무엇이 고객을 활기차게 하고, 무엇이 고객을 힘 빠지게 하는지도 듣는다.

다음은 2단계 경청의 대화 예시이다.

코치 : 오늘 어떤 이야기를 해 볼까요?

고객 : 어떻게 하면 제 아들과 허심탄회하게 대화를 할 수 있는지 방법을 알고 싶습니다.

코치 : 조금 자세하게 말해 주세요.

고객 : 제 아들이 고등학교 2학년인데, 3학년에 올라가기 전 겨울 방학에 휴학을 하겠답니다. 지금 성적으론 자기가 원하는 대학에 가기 어려우니까, 휴학을 해서 실력을 쌓고 난 후에 3학년에 진학하겠다는 겁니다. 제 생각엔 그냥 3학년에 진학해서 열심히 해 보고 그래도 안 되면 그때 가서 재수를 하면 되는 거지, 미리 겁을 먹고 휴학을 하겠다는 건 말이 안 되는 것 같

아서요. 그 문제에 대해 아들과 허심탄회하게 이야기를 해 보고 싶은데 잘되지 않습니다.

코치 : 지금 말씀하시는 표정을 보니까 당황스럽기도 하고, 염려가 많이 되시는 것 같네요.

고객 : 사실, 저도 어떤 게 옳은 건지 잘 모르겠어요.

코치 : 고객님도 어떤 게 옳은 건지 확신이 서지 않아서, 아들과 허심탄회하게 대화를 하고 싶은 거군요.

고객 : 그렇습니다. 어떤 결론이 나더라도 아들과 충분히 대화를 하고 난 후에 결정을 하면 마음이 조금 덜 불안할 거 같습니다.

코치 : 고객님은 아들의 생각도 존중하고 싶고, 아들의 결정에 도움을 줄 수 있도록 고객님의 경험과 지혜도 알려 주고 싶은 거군요.

고객 : 예. 아들이 자기 진로에 대해 그 정도로 깊이 고민하는 걸 보니, 저도 뭔가 도움을 주고 싶다는 생각이 듭니다.

코치 : 아들과 대화를 하고 싶은 이유가 아들에게 도움을 주고 싶은 거군요.

고객 : 그러네요.

코치 자신의 생각을 내려놓고, 고객의 감정과 욕구를 알아차리면서 고객에게 온전히 집중하고 있다. 2단계 경청이다.

3단계 경청은 총체적 경청(Global Listening)이다.

- 고객에게 주의를 집중할 뿐만 아니라, 주위 환경 전체에서 발생하는 모든 정보를 알아차린다.
- 고객의 감정뿐만 아니라, 관찰할 수 있는 모든 것을 알아차린다.
- 고객의 에너지의 변화를 알아차린다.
- 코치 자신의 직관도 알아차린다.
- 고객의 소리, 코치 자신의 소리, 환경에서 발생하는 정보 등을 총체적으로 알아차린다.
- 환경적 경청(Environmental Listening)이라 부르기도 한다.
- 마치 전파를 듣는 것과 같다.

다음은 3단계 경청의 대화 예시이다.

코치 : 오늘 어떤 이야기를 해 볼까요?

고객 : 어떻게 하면 제 아들과 허심탄회하게 대화를 할 수 있는지 방법을 알고 싶습니다.

코치 : 조금 자세하게 말해 주세요.

고객 : 제 아들이 고등학교 2학년인데, 3학년에 올라가기 전 겨울 방학에 휴학을 하겠답니다. 지금 성적으론 자기가 원하는 대학에 가기 어려우니까, 휴학을 해서 실력을 쌓고 난 후에 3학년에 진학하겠다는 겁니다. 제 생각엔 그냥 3학년에 진학해서 열심히 해 보고 그래도 안 되면 그때 가서 재수를 하면 되는

거지, 미리 겁을 먹고 휴학을 하겠다는 건 말이 안 되는 것 같아서요. 그 문제에 대해 아들과 허심탄회하게 이야기를 해 보고 싶은데 잘되지 않습니다.

코치 : 지금 말씀하시는 표정을 보니까 당황스럽기도 하고, 염려가 많이 되시는 것 같네요.

고객 : 사실, 저도 어떤 게 옳은 건지 잘 모르겠어요.

코치 : 고객님도 어떤 게 옳은 건지 확신이 서지 않아서, 아들과 허심탄회하게 대화를 하고 싶은 거군요.

고객 : 그렇습니다. 어떤 결론이 나더라도 아들과 충분히 대화를 하고 난 후에 결정을 하면 마음이 조금 덜 불안할 거 같습니다.

코치 : 아들의 결정을 존중하고 싶은 마음과 또 그에 대한 고객님의 불안이 함께 느껴지네요.

고객 : 아들에 대한 존중의 마음과 저의 불안이라고요?

코치 : 그렇습니다.

고객 : 코치님, 여태까지 저는 아들의 생각을 가급적 존중하려고 노력했고, 아들도 스스로 자기 일을 알아서 잘했는데, 이번엔 제가 많이 불안해하는 거 같습니다.

코치 : 그러시군요. 지금 느껴지는 고객님의 불안에 대해 뭐라고 말해 주고 싶으세요?

고객 : 저의 불안에 대해서요? (무릎을 탁 치며) 아버지의 생각이 옳다는 보장은 없으니까 그냥 아들을 믿으라고 말해 주고 싶어요.

코치 : 아들의 결정에 대해선 충분하게 믿고 존중하지만, 결과에 대

해선 아직도 불안하다는 걸로 들리네요.

고객 : 아들은 믿지만, 결과는 불안해하는 제 모습이 저도 느껴집니다.

코치 : 어떻게 하고 싶으세요?

고객 : 아들을 꼬옥 껴안아 주고 싶습니다. 스스로의 진로에 대해 깊이 고민하는 모습이 보기 좋다고 말해 주고, 어떤 결과가 나오더라도 괜찮으니까 아들의 결정을 지지한다고 말해 주고 싶어요.

고객에게 온전히 집중하면서 고객의 감정과 에너지 변화를 알아차릴 뿐만 아니라, 코치 자신의 직관도 알아차리면서 총체적으로 경청하고 있다. 3단계 경청이다.

코치는 자기 내면의 소리를 들을 수 있는 능력이 있어야 3단계 경청을 자유롭게 할 수 있다. 그러므로 자기 내면의 소리를 들을 줄 아는 것이 경청의 출발이다. 불교에선 자기 내면의 소리를 듣는 능력을 강화하기 위해 사념처 수행을 하기도 하고, 위빠사나 수행을 하기도 한다. 코치들 중에도 알아차림을 강화하기 위해 명상을 하는 사람들이 있다. 불교에서 말하는 참선과 코치들이 말하는 명상은 차이가 있지만, 알아차림을 강화한다는 측면에선 같은 효과가 있다. 코치는 명상 훈련을 통해 주변에서 일어나는 현상들을 민감하게 알아차리는 힘을 기르고, 고객에게 일어나는 현상들을 알아차리는 능력을 강화해 간다. 이런 훈련을 통해 경청 역량을 키운다. 사

넘처 수행 방법과 위빠사나 수행 방법에 대해선 뒤에서 다루기로
한다.

탁월성, 고객의 성품이다

패러다임의 네 번째는 탁월성이다.

코칭에서는 고객을 무한한 가능성의 존재로 인식한다. 원인과 조건이 맞으면 무엇이든 될 수 있는 가능성의 존재다. 그래서 모든 고객은 탁월한 성과를 낼 수 있는 성품인 '탁월성'이 있다고 믿는다. 탁월성은 고객의 성품이다. 고객의 탁월성을 믿는 것은 고객에게 뭔가를 가르치는 게 아니라, 고객이 스스로 답을 가지고 있다고 믿는 것으로 연결된다. 그래서 코칭은 코치가 뭔가를 해결해 주는 게 아니라, 질문하고 경청하는 과정을 통해 고객이 스스로 알아차리게 하는 것이다. 이를 일컬어 알아차림을 불러일으킨다고 한다. 알아차림을 불러일으킨다는 것은 고객의 가능성을 믿고, 고객의 내면에 있는 탁월함을 이끌어 내는 것이다. 여기서 주목할 것은 '알려 주는 것'이 아니라 고객의 알아차림을 '불러일으킨다'는 것이다. 그래서 코칭을 광산에서 보석을 캐는 작업에 비유하기도 한다. 고객의 내면에 있는 보석을 캐내는 것이다.

정리하면, 고객에게는 탁월한 성품이 있다. 고객의 탁월한 성품 속에서 탁월함을 이끌어 내는 것이 코칭이다. 여기서 탁월함을 이끌어 낸다는 것은 고객의 탁월한 마음을 발견하는 것이다.

고객의 탁월한 마음을 발견하는 방법은 다음과 같다.

첫째, 욕구를 확인한다

'목표가 무엇인가요?'

'무엇을 해결하고 싶은가요?'

'어떻게 되고 싶은가요?'

'진짜로 원하는 것이 무엇인가요?'

'코칭을 통해 무엇을 얻고 싶은가요?'

불교에선 원(願)을 세우는 걸 일컬어 발원한다고 한다. 발원을 수행의 첫걸음으로 생각한다. 가야 할 목적지를 분명하게 정하는 것이다. 목적지가 분명하지 않으면 우왕좌왕할 수밖에 없기 때문이다. 코칭도 마찬가지다. 고객으로 하여금 자신이 진정으로 원하는 게 무엇인지 알아내고, 이를 성취할 수 있도록 돕는 것이 코칭의 출발점이다.

둘째, 고객의 경험을 묻는다

'이럴 경우 예전에는 어떻게 했습니까?'

'어떤 방법이 효과적이었습니까?'

'어떤 것이 효과가 없었나요?'

'예전과 다르게 한다면 어떻게 하겠습니까?'

스님들에게 어떤 수행을 하면 좋은지 물으면 스님 자신이 선호하는 수행 방법을 추천하는 경우도 있지만 대체로 다음과 같이 안

내한다.

'왜 수행을 하려고 합니까?'

'지금까지 어떤 수행을 해 봤습니까?'

'어떤 수행 방법이 본인에게 제일 적합하다고 생각합니까?'

'절이든, 염불이든, 참선이든, 자신의 근기에 맞게 하는 게 좋습니다. 다만, 이것저것 바꾸지 말고 한 가지를 선택했으면 끝까지 집중하는 것이 중요합니다.'

고객에게 유용한 방법을 결정할 때, 고객의 과거 경험을 통해 가장 효과적인 방법을 알아내는 것이다. 효과적인 방법에 대한 고객의 마음을 발견하는 것이다.

셋째, 고객의 가치, 신념을 확인한다.

'이 목표는 고객님의 가치관과 신념에 일치하나요?'

'이 목표를 달성하는 것이 고객님에겐 어떤 의미가 있나요?'

'이 목표를 달성하면 어떤 보람이 있나요?'

'이 목표를 달성해 나가는 과정이 얼마나 즐거운가요?'

'이 목표는 고객님이 얼마나 가치 있게 여기는 것인가요?'

목표를 달성하는 것이 자신의 가치관에 얼마나 일치하는지 확인하는 것이다. 우리는 무조건 열심히 노력하는 걸 성실하다고 말하지는 않는다. 자신의 목적에 일치하는 행동을 열심히 하는 걸 성실하다고 말한다.

마조 스님이 젊은 시절에 좌선에 열중하고 있을 때였다. 스승인 회양 선사가 다가와서 물었다.

"뭐 하고 있냐?"

마조 스님이 대답했다.

"부처가 되려고 좌선을 하고 있습니다."

회양 선사가 벽돌을 가져와서 갈기 시작했다. 마조 스님이 물었다.

"스님, 뭐 하고 있습니까?"

선사가 대답했다.

"거울을 만들려고."

마조 스님이 비웃으며 말했다.

"벽돌을 간다고 거울이 됩니까?"

선사가 되물었다.

"그러면 너는? 좌선을 한답시고, 앉아만 있으면 부처가 된단 말이냐?"

스님들 말씀에 의하면, 자신의 직업이 윤리적으로 문제가 있다고 느끼는 신도들은 돈을 버는 게 그리 행복하지 않다고 한다. 자신의 가치에 위배되기 때문이다. 코칭에서 정한 목표도 마찬가지다. 자신이 진짜로 원하는 것이 아닌, 자신의 가치에 어긋나는 목표는 애써 달성한다고 해도 행복해지진 않을 것이다.

넷째, 지금 느끼는 것들을 알아차리도록 한다.

'지금 몸에서 무엇이 느껴지나요?'

'지금 어떤 느낌이 듭니까?'

'지금 마음이 어떠세요?'

'지금 뭐가 보이나요?'

불교 수행 방법 중에 사념처 수행이 있다. 몸, 느낌, 마음, 대상에 대해 주의를 집중하고 현재 일어나는 것들을 분명하게 알아차리는 것이다. 이를 '마음챙김'이라 부르기도 한다. 다음의 네 가지에 대해 마음챙김을 하는 것이다.

- 몸에 대한 마음챙김
- 느낌에 대한 마음챙김
- 마음에 대한 마음챙김
- 법(대상, 진리)에 대한 마음챙김

네 가지 마음챙김에 대한 『대념처경』의 설명을 살펴보자.

어떤 것을 몸을 그대로 알아차리는 것이라 하는가?

다니면 다니는 줄 알고, 머물면 머무는 줄 알며, 앉으면 앉은 줄 알고, 누우면 누운 줄 알며, 자면 자는 줄 알고, 깨면 깬 줄 알고, 자다 깨면 자다 깨는 줄 안다. 또한 들숨을 알아차리고, 날숨을 알아차리며, 들숨이 길면 들숨이 긴 줄 알고, 날숨이 길면 날숨이 긴 줄 알고, 들숨이 짧으면 들숨이 짧은 줄 알고, 날숨이 짧으면 짧은 줄 알고 온몸으로 숨을 들이쉬는 것을 알고 온몸으로 숨을 내쉬는 것을 안다.

어떤 것을 느낌을 그대로 알아차리는 것이라 하는가?

즐거운 느낌을 느낄 땐 즐거운 느낌을 알고, 괴로운 느낌을 느낄 땐 괴로운 느낌을 알고, 괴롭지도 않고 즐겁지도 않은 느낌을 느낄 땐 괴롭지도 않고 즐겁지도 않은 느낌을 알아차린다.

어떤 것을 마음을 그대로 알아차리는 것이라 하는가?

욕심이 있으면 욕심이 있는 줄 알고, 욕심이 없으면 욕심이 없는 줄 알고, 성냄이 있고 성냄이 없는 것과 어리석음이 있고 어리석음이 없는 것을 알아차린다.

어떤 것을 법을 그대로 알아차리는 것이라 하는가?

번뇌가 있으면 번뇌가 있는 것을 알고, 번뇌가 없으면 번뇌가 없는 것을 알고, 번뇌가 생기면 번뇌가 생기는 것을 알고, 번뇌가 없어지면 번뇌가 없어지는 것을 안다. 욕심, 성냄, 수면, 들뜸, 의심도 있으면 있는 것을 알고, 없으면 없는 것을 알고, 생기면 생기는 것을 알고, 없어지면 없어지는 것을 안다.

『대념처경』에 사념처에 대해 바르게 마음을 챙기면 반드시 진리에 이를 수 있다고 다음과 같이 설하고 있다.

이 도는 유일한 길이니, 중생을 청정하게 하고, 슬픔과 비탄을 넘어서게 하며, 육체적 고통과 정신적 근심을 사라지게 하며, 진리를 증득케 하며, 열반을 실현하기 위한 길이다.

마음챙김은 현재의 순간에 주의를 집중함으로서 깨어 있는 상태를 유지하는 것이다. 코칭도 마찬가지다. 코치는 마음챙김을 통해 지금 이 순간의 존재 현상에 대해 분명하게 인식할 수 있게 되고, 고객으로 하여금 자신을 분명하게 인식할 수 있도록 도와줄 수 있다.

다섯째, 고객이 관점을 전환할 수 있도록 돕는다.

'주위를 한번 둘러보세요. 뭐가 보이나요? (꽃이 보입니다.) 꽃의 관점에서 이 문제를 바라본다면, 꽃이 뭐라고 할까요?'

'(형광등이 보입니다.) 형광등의 관점에서 이 문제를 바라본다면, 형광등은 뭐라고 할까요?'

'(시계가 보입니다.) 시계의 관점에서 이 문제를 바라본다면, 시계는 뭐라고 할까요?'

'그걸 실천하면 어떤 점이 좋은가요? 그걸 하지 않으면 어떤 점이 좋은가요?'

'그 생각이 오른쪽이라면, 왼쪽 생각은 무엇인가요?'

'10년 후의 자신이, 지금의 자신에게 조언을 해 준다면 뭐라고 말해 주겠습니까?'

'헬리콥터를 타고 하늘 위에서 이 문제를 바라본다면, 어떻게 보일까요?'

이런 질문들을 활용하여 고객으로 하여금 평소의 생각에서 벗어나 다른 관점에서 자신의 마음을 발견할 수 있도록 돕는 것이다.

달마 대사와 제자 신광 스님의 대화를 살펴보자.

"스님, 제가 지금 마음이 불안합니다. 어떻게 하면 마음의 평안을 찾을 수 있는지 방법을 알려 주십시오."

"너의 불안한 마음을 가져오너라. 내가 편안하게 해 주겠다."

"불안한 마음을 아무리 찾으려 해도 찾을 수가 없습니다."

"내가 너의 불안한 마음을 없애 주었구나."

승찬 대사와 사미승의 대화를 살펴보자.

"스님, 저에게 해탈법문을 내려 주십시오."

"누가 너를 묶어 놓았느냐?"

"저를 묶어 놓은 사람은 없습니다."

"그렇다면 어째서 해탈을 구하려고 하느냐?"

불안한 마음과 해탈에 대한 관점의 대전환을 가져오게 한 유명한 법문들이다. 관점 전환의 핵심은 고객으로 하여금 평소의 생각에서 벗어나 다른 관점에서 생각할 수 있도록 돕는 것이다. 평소에 관점 전환 질문을 많이 기억하고 있으면 결정적인 순간에 고객이 자신의 마음을 발견할 수 있도록 도울 수 있다.

여섯째, 고객으로 하여금 한계를 극복하고 앞으로 나아갈 것을 요청한다.

'고객님이 지금보다 10배 더 용기가 있다면, 무엇을 하겠습니까?'

'절대로 실패하지 않는다면 무엇을 해 보고 싶은가요?'

'해 보고 싶었지만, 하지 않았던 것은 무엇입니까?'

'지금 고객님을 망설이게 하는 것이 무엇입니까?'

이런 질문들을 통해 고객으로 하여금 안전지대에서 벗어나서 한계를 극복할 수 있도록 돕는 것이다.

나는 30대 중반에 『금강경』 독송회에 다녔다. 매일 아침 출근하기 전에 『금강경』을 세 번씩 읽었다. 나에게서 별다른 진전이 보이지 않자, 법사님이 말했다.

"거사님, 휴일에 날을 잡아서 하루에 『금강경』을 21 독씩 해 보시겠어요?"

나는 깜짝 놀랐다. 『금강경』을 한 번 독송하는 데 평균 20분 정도의 시간이 걸리니까, 하루에 꼬박 10시간을 읽어야 한다. 나는 자신이 없었지만, 법사님의 강력한 요청에 등 떠밀리듯 휴일마다 하루 21 독씩 독송했다. 그렇게 몇 번을 하고 나니 몸과 마음에 엄청난 변화가 생겼다. 몸이 가벼워지고 얼굴은 맑아졌다. 마음은 하루 종일 평안한 상태를 유지할 수 있게 됐고, 행복감을 느끼게 됐다. 이렇게 극한 체험을 하고 난 후에는 하루에 세 번 독송하는 게 그렇게 쉽게 느껴질 수가 없었다.

코칭도 마찬가지다. 고객에게 한계를 극복하도록 요청해야 할 때가 있다. 이때도 요청의 목적은 코치의 필요가 아니라, 오직 고객의 성장과 발전에 도움이 되도록 하는 게 핵심이다.

일곱째, 코칭을 통해 고객에게서 발견한 것을 말해 준다.

'코칭을 통해 고객이 성취한 것'

'코칭을 통해 고객이 시각을 전환한 것'

'코칭을 통해 새로운 의미를 부여한 것'

'고객이 실행의지를 강력하게 부여한 것'

'고객의 성취에 대해 축하하고, 지지하고, 응원한다.'

이걸 말해 주는 목적은 고객으로 하여금 스스로에 대해 알아차리게 하는 것이다. 말해 줄 때 코치는 다음 사항을 유념해야 한다

'코치가 본 것이 모두 옳다고 생각하지 않는다.'

'코치도 언제든지 틀릴 수 있다는 생각으로 오직 고객에게 도움을 줄 목적으로 말한다.'

'구체적으로 실천할 수 있는 건설적인 내용을 말해 준다.'

부처님이 제자들에게 말했다. 수행자는 말을 할 때 다음 세 가지를 지켜야 한다.

- 첫째, 진실만을 말한다.
- 둘째, 진실이라 하더라도, 상대방에게 도움이 되지 않으면 말하지 않는다.
- 셋째, 진실이면서 상대방에게 도움이 되는 말만 한다.

코칭은 고객에게 탁월한 성품이 있다는 걸 믿고, 고객이 탁월함을 발휘할 수 있도록 돕는 것이다. 이를 위해, 지금까지 3P 코칭 모델을 통해 코칭의 구조와 패러다임에 대해 살펴봤다. 이 내용을

한 마디로 줄이면, '존중·이해·공감·탁월성', 즉 '존·이·공·탁'의 의미를 정확하게 이해하고, 그러한 마음가짐으로 코칭을 하라는 것이다.

코칭을 시작하기 전에 '존·이·공·탁'으로 마음가짐을 챙기고, 코칭을 하는 중에도 '존·이·공·탁'의 마음가짐을 유지하는 게 올바른 코칭을 하는 최고의 비결이다.

천제 스님이 출가할 때 성철 스님이 말했다.

"내 말 받아 적어라."

"예, 스님."

"중노릇은 모든 사람들을 부처님처럼 섬기는 것이다."

"예, 스님."

"또 적어라!"

"예."

"세상에서 가장 위대한 사람은 모든 사람들을 존중하는 사람이다."

제3장.

코칭은
탁월한 마음을
발견하는 것이다

탁월한 마음이란 무엇인가?

지금까지 코칭의 패러다임인 '존중·이해·공감·탁월성', 즉 '존·이·공·탁'에 대해 살펴보았다. 존·이·공·탁은 고객을 대하는 코치의 마음가짐이다. 어떠한 경우에도 고객을 존중하고, 고객을 이해하려고 노력하며, 고객에게 공감하고, 고객의 탁월성을 믿고 고객의 탁월함을 이끌어 내겠다는 코치의 다짐이다. 아래 그림에서 보는 것처럼 코칭은 존·이·공·탁의 기반 위에서 작동한다.

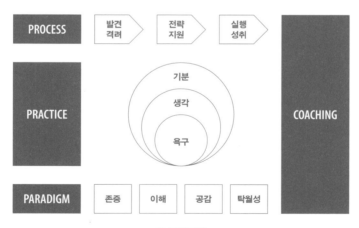

3P 코칭모델

존·이·공·탁이 코칭의 기반이라면, 지금부터 살펴볼 '기분·생각·욕구', 즉 '기·생·욕'은 코칭 전체를 통해서 코치가 실천(Practice)해야 할 내용이다.

기분, 생각, 욕구

우리는 일상에서 '마음'이라는 말을 많이 사용한다. '마음이 아프다, 마음이 편하다, 마음이 괴롭다, 마음이 즐겁다, 마음이 좁쌀같이 좁다, 마음 씀씀이가 넉넉하다, 마음먹기에 달렸다, 마음대로 잘되지 않는다, 마음이 변했다, 마음이 한결같다, …….'

이 표현들을 보면, 행복과 불행이 모두 마음의 상태에 따라 달라진다는 걸 알 수 있다. 불교에서 말하는 마음에 대한 표현들을 살펴보자.

- **일체유심조**: 모든 것은 오직 마음이 만들어 낸 것이다.
- **즉심시불**: 마음이 곧 부처다.
- **견성성불**: 불성(본래의 마음)을 보면 부처가 된다.
- **심외무불**: 마음 밖에 따로 부처가 없다.

- **유식무경** : 오직 마음만 존재할 뿐 외부세계는 존재하지 않는다.
- **전식득지** : 의식(마음)이 바뀌면 깨달음을 얻는다.

불교의 팔만대장경을 요약하면 '마음' 한 단어만 남는다고 한다. 그래서 불교를 마음의 종교라 부르고, 불교 수행을 마음을 닦는 것이라 한다. 그렇다면 도대체 마음이란 뭘까?

불교에서는 인간을 색(色)·수(受)·상(想)·행(行)·식(識)이라는 5가지 요소가 쌓여서 만들어진 것, 즉 오온(五蘊)이라 부른다.

- **색**(色)은 보고 만질 수 있는 물질적 대상이다. 육체를 말한다.
- **수**(受)는 오감을 통해 받아들인 정보를 '좋다, 싫다, 무덤덤하다'로 느끼는 감각이다.
- **상**(想)은 생각, 표상, 개념이다.
- **행**(行)은 의도, 의지 등 다양한 심리 현상을 말한다.
- **식**(識)은 수·상·행을 아울러서 분별하고 판단하는 인식 작용이다.

오온은 외부의 정보(色)를 받아들이고(受), 지각하여(想), 반응하고(行), 인식하는(識) 과정이다. 색은 몸이고 수·상·행·식은 마음이다. 이 다섯 가지가 쌓인 것(五蘊)을 몸과 마음, 즉 사람이라 부른다. 마음에 대해 더 살펴보자. 수는 느낌(기분)으로서의 마음이고, 상은 개념(생각)으로서의 마음이며, 행은 의지(욕구)로서의 마음이다.

그리고 식은 의식으로서의 마음이다.

- **수**(受) : 느낌(기분)으로서의 마음
- **상**(想) : 개념(생각)으로서의 마음
- **행**(行) : 의지(욕구)로서의 마음

3P 코칭모델에서 말하는 기분·생각·욕구는 불교의 수·상·행에서 착안한 것이다.

"지금 기분이 별로 좋지 않은 것 같군요."(수 : 기분)

"그렇게 하면 안 된다고 생각하시는군요."(상 : 생각)

"정말 잘하고 싶은 욕구가 느껴지네요."(행 : 욕구)

불교의 오온에 따르면, 고객의 기분·생각·욕구를 알아주는 것은 고객의 마음을 알아주는 것이 된다. 따라서 마음을 기분·생각·욕구로 단순화해서 정의하기로 한다.

> **마음 = 기분**(수) **+ 생각**(상) **+ 욕구**(행)

그러므로 마음을 알아주는 것은 기분·생각·욕구를 개별적으로 알아주거나 또는 모두를 동시에 알아주거나, 또는 두 개를 알아주는 것 등의 여러 조합이 있을 수 있다.

그렇다면 탁월한 마음이란 무엇인가? 여기에서 탁월함이란 이미 무언가 훌륭한 성과를 내고 있는 상태를 의미하지 않는다. 무언가 훌륭한 성과를 내고 싶어 하는 마음, 무언가 새로운 것을 추구하는 마음이 곧 탁월한 마음이다. 예를 들어, 관세음보살이 중생의 모든 괴로움을 듣고 구제하겠다는 서원(誓願, 무언가를 이루겠다는 원을 세우는 것)이 탁월한 마음이다. 또 모든 중생을 제도하고, 모든 번뇌를 끊고, 모든 가르침을 배우고, 불도를 이루겠다는 불교 신자들의 사홍서원(四弘誓願, 네 가지 큰 소원)이 대표적인 탁월한 마음이다. '초발심시변정각(初發心時便正覺, 처음에 올바른 마음을 내는 것이 곧 깨달음)'이라는 말처럼, 탁월한 마음은 이미 이루어진 상태가 아니라 탁월함으로의 출발점을 의미한다.

코칭은 고객이 뭔가를 이루고 싶어 하는 탁월한 마음을 발견하고, 이를 실현할 수 있도록 돕는 일련의 과정이다. 이 과정에서 기분·생각·욕구를 알아주는 게 중요한 이유는, 고객으로 하여금 자신의 마음을 돌이켜 볼 수 있게 해 주기도 하고, 고객의 내면 깊숙이 자리 잡고 있는 것들을 끄집어내어 고객으로 하여금 스스로 알아차리게 해 주기 때문이다. 그리고 마음을 알아주면 고객은 존중받고 있다고 느끼게 되고 무언가를 더 실행해 보고 싶은 강력한 의지가 생기기도 한다. 코칭 전반에 걸쳐 코치가 고객의 기분·생각·욕구를 알아주는 것은 고객의 탁월한 마음을 이끌어 내는 매우 효과적인 방법이다. 그러므로 코치는 매 순간마다 고객의 기·생·욕을 알아주는 실천을 해야 하는 것이다.

마음 알아주기는 수행이다

다음 대화를 살펴보자.

"제가 4박 5일 동안 절에서 수련대회를 하면서 아내와 좋은 관계를 맺으려고 다짐을 하고 집에 돌아왔는데, 아내가 절에서 잘 쉬다가 왔으면 집안 청소나 하라고 핀잔을 줬습니다. 코치님도 아시다시피, 절에서 하는 수련대회가 어디 놀다 오는 겁니까? 새벽 3시 30분에 일어나서 예불 드리고, 아침에 운력하고, 발우공양하고, 법문 듣고, 절하고, 참선하고…… 저녁 예불 드리고 밤 10시에 잠자리에 들기까지 얼마나 고되고 힘이 듭니까? 그렇게 힘든 속에서도 아내와 좋은 관계를 맺으려고 굳게 다짐을 했는데, 쉬다가 왔으면 청소나 하라는 게 말이 됩니까?"

이때 이렇게 반응하면 어떻게 될까?

"고객님이 아무리 마음속으로 다짐을 했어도, 아내 분은 그걸 모르니까 당연한 거 아닐까요?"

"아내의 입장에선 뭔가 힘든 일이 있지 않았을까요?"

"내가 변한 걸 먼저 보여 주기 전에는 아내는 그걸 모를 수밖에 없지 않을까요?"

지금 대화의 자리에 없는 아내를 두둔하느라, 지금 마주 보고 있는 남편의 마음을 알아주지 않는 이런 대화를 일컬어 '죽은 사람 비위 맞추려고, 산 사람 죽인다.'고 말한다.

이 고객의 마음을 살펴보자. 고객은 고된 수련대회 중에도 아내와 좋은 관계를 맺으려고 다짐했는데, 아내가 자신의 마음을 몰라주고 청소나 하라고 핀잔을 주니까 속이 상해 있는 상태다.

이때 다음과 같이 마음 알아주기를 해 보자.

[기분] 아내가 그렇게 말하니까 많이 속상했겠어요.

[생각] 힘든 수련대회 중에도 아내와 좋은 관계를 맺으려고 노력한 것도 몰라주고 놀다가 온 것처럼 생각하니까 많이 섭섭하시겠어요.

[욕구] 고객님은 아내와 좋은 관계를 맺고 싶어 하시는군요.

코치가 고객의 마음을 알아주면 고객은 스스로 성찰하는 놀라운 효과가 있다. 다음은 고객의 반응이다.

"아내가 절에서 하는 수련대회가 얼마나 힘든지 몰라서 그랬을 수도 있고, 아내 입장에서 그동안 뭔가 힘든 일이 있었는지도 모르지요. 그리고 아직 제가 변한 모습을 보여 주지 않았기 때문에 아내가 그렇게 반응하는 건 당연한 거 같습니다."

이렇게 코치가 마음을 알아주면 고객은 스스로 성찰한다. 그러므로 코치는 평가하거나 판단하지 않고 고객의 마음(기·생·욕)을 알아주는 행위를 코칭 전체를 통해 실천해야 한다.

어느 포교당에서 있었던 일이다. 40대 중반의 남자 신도가 법문이 다 끝나고, 공양 시간이 끝날 즈음에 포교당에 도착해서 공양을 하려고 했다. 그때 공양주 보살이 말했다.

"처사님은 절에 밥 먹으러 오는 건가요? 법문을 들은 사람들에게 수행을 더 잘하라고 공양을 올리는 거지 처사님처럼 법문도 듣지 않고 그냥 밥만 먹으라고 공양을 드리는 게 아닙니다."

이 신도는 울컥했다. 법문 시간에 맞춰 출발을 했는데, 지하철을 타고 오다가 피곤해서 깜박 잠이 들어 너무 멀리 가 버려서 법문 시간에 늦어 버린 터였다. 그렇지 않아도 발을 동동 구르면서 왔는데, 공양주 보살의 말이 너무 심하다는 생각이 들었다. 이 장면을 목격한 스님이 말을 건넸다.

"처사님, 많이 당황스럽지요? 그렇지 않아도 법문 시간에 늦어서 미안한 마음이 있었는데 공양주 보살의 핀잔을 들으니 속이 많이 상할 것 같네요. 오늘 액땜했다고 생각하시고 편안하게 공양하세요."

"스님, 감사합니다. 너무 늦어서 오지 않으려고 하다가 그래도 스님 얼굴을 뵙고 싶어서 왔는데, 스님께서 그렇게 말씀해 주시니 공양주 보살이 그렇게 말하는 건 아무렇지도 않습니다. 공양주 보살 입장에서는 자신의 소임을 다하기 위해 그런 말을 할 수 있다고 생각합니다."

이게 바로 마음 알아주기의 힘이다. 스님이 했던 말이 바로 마음 알아주기다.

[기분] 처사님, 당황스럽지요?
[생각] 공양주 보살의 말이 심하다고 생각되지요?
[욕구] 법문 시간에 비록 늦었더라도 절에 와서 차분하게 마음을 가라앉히고 싶으셨군요.

기·생·욕이 딱 부러지게 구분되지 않아도 무방하다. 명확하게 기·생·욕으로 구분되지 않더라도, 노력하는 것 자체로 마음을 알아주는 효과가 있다.

어느 보살님이 스님에게 하소연 했다.
"스님, 남편이 애를 먹이고 애들도 속을 썩여서 힘들어서 못 살겠습니다."
설마 이렇게 말하는 스님은 없을 것이다.
"보살님, 남편은 전생의 원수고, 애들은 전생의 빚을 받으러 오는 겁니다. 이번 생에는 빚을 갚고 원한을 해결한다는 생각으로 참고 지내세요. 어쩌겠습니까?"
만약 이렇게 말한다면 남편이나 애들보다 스님이 더 미울지도 모를 일이다.

이걸 기·생·욕 알아주기로 바꿔 보자.

[기분] 보살님, 많이 힘들겠어요.
[생각] 남편도 애를 먹이고, 애들도 속을 썩이는군요.
[욕구] 스님에게 털어놓는 걸 보니, 남편과 애들하고 잘 지내고 싶은 마음이 느껴지는군요.

이 보살이 이렇게 대답했을지도 모른다.
"스님, 남편은 전생의 원수고, 애들은 전생의 빚을 받으러 오는 거라고 하잖아요. 어쩌겠어요. 이번 생은 원수를 갚고 빚을 해결한다는 마음으로 참고 살아야지요."

코칭을 하면서 자주 듣는 말이 있다.
"요즘 젊은 사람들은 너무 이기적입니다. 조금도 손해를 보지 않으려고 하고, 공동으로 해야 하는 일은 생색이 나지 않는지 뒤로 빠지고, 동료들은 일이 많아서 야근을 하고 있는데 자기 일을 다 마쳤다고 혼자 칼같이 퇴근해 버립니다. 동료의식도 없고 너무 이기적인 거 같습니다."

이때가 바로 코치가 기·생·욕 알아주기를 해야 할 타이밍이다.

[기분] 많이 아쉬운 모양이군요.

[생각] 요즘 젊은 사람들이 이기적이라고 생각하시는군요.

[욕구] 동료의식을 가지고 서로 도우면서, 즐겁게 일하는 직장 분위기를 원하시는군요.

고객의 대답이다.

"제 욕심일 수도 있습니다. 요즘 젊은 사람들은 자기 일에는 철저하거든요. 우리 때보다 더 책임감이 강한 측면도 있습니다."

고객의 기·생·욕을 알아주는 건 고객을 존중하는 것이고, 마음을 깊이 있게 알아주는 것이다. 그렇게 하면 고객은 스스로 성찰하게 되고, 코칭은 더욱 깊어진다. 어떤 고객이 기·생·욕을 알아주는 대화를 경험하고 난 후에 말했다.

"코치님, 오늘 영혼의 식사를 한 것 같습니다. 영혼의 충만감을 느낍니다."

그러나 다른 사람의 기·생·욕을 알아주는 건 말처럼 쉽지 않다. 우리는 자신의 마음에 먼저 집중하는 존재이기 때문이다. 그래서 상대방의 기·생·욕을 알아주는 건 마치 중력을 거스르는 것과 같다. 운동을 하는 것처럼, 중력을 거스르는 행동은 많은 노력을 필요로 한다. 의식적으로 실천하지 않으면 잘되지 않는다. 그래서 상대의 기·생·욕을 알아주는 걸 수행이라 하는 것이다. 그것도 매우 어려운 수행이다.

마음을 알아주면 마음을 얻는다

기·생·욕 알아주기가 고객에게 미치는 영향은 다음과 같다.

- 자신의 말을 잘 들어준다고 생각한다.
- 존중받고 있다는 느낌이 든다.
- 자기가 했던 말을 돌이켜 보게 하는 거울이 되어 준다.
- 내면이 확장되고 자신감이 생긴다.
- 더욱 긍정적인 마음을 갖게 되고 행복감을 느낀다.
- 자신의 좋은 의도를 알아주면, 좋은 행동으로 이어진다.

고객의 기·생·욕을 알아주는 건 마치 고객의 마음에 좋은 씨앗을 뿌리고 물을 주는 것과 같다. 기·생·욕을 알아주는 것 자체가 치유 행위가 될 수 있다. 그런데 기·생·욕을 알아주는 코치의 행위는 코치 자신에게 더 큰 영향을 미친다. 다음과 같은 효과가 있다.

- 코치로서 고객의 신뢰를 얻는다. 친밀한 코칭 관계가 만들어지고, 코칭의 성과가 좋아진다.
- 고객의 기·생·욕을 알아주는 건 무외시(無畏施, 두려움을 없애 주

고 마음을 편안하게 해 주는 보시)를 베푸는 것이다. 코치의 보시 행위는 자신에게 좋은 업을 짓는다. 그러므로 고객의 기·생·욕을 알아주는 건 곧 코치 자신을 사랑하는 행위다.

- 오직 고객의 기·생·욕에 집중하면, 코치 자신의 판단을 내려놓게 된다. 어느 순간 코치는 없어지고, 고객만 남는 무아의 경지를 체험하게 된다.
- 향을 싼 종이에선 향내가 나고 생선을 싼 종이에선 비린내가 나듯, 코치 자신의 말이 씨앗으로 뿌려져 코치 자신의 마음에서 향기가 난다.

불교에는 다양한 수행법이 있다. 염불을 하기도 하고, 참선을 하기도 하며, 절을 하기도 한다. 경전을 독송하기도 하고, 사경(寫經, 경전을 그대로 베껴 적는 것)을 하기도 한다. 수행이란 몸과 마음을 닦는 것이다. 왜 닦는가? 진리의 체득을 통해 궁극적인 행복을 얻기 위해서다. 그러나 그 과정이 쉽지만은 않다. 나는 염불을 10년 동안 했고, 삼천 배를 세 번 했고, 일상에서 108배를 하는 절 수행도 했다. 『금강경』 독송을 10년 동안 했고, 『법화경』 사경도 했다. 호두마을에서 위빠사나 수행법을 배운 후 몇 년 동안 위빠사나 수행도 했다. 그리고 지금은 20년째 참선 수행을 하고 있다. 이런 노력에도 불구하고 아직도 고객의 기·생·욕을 알아주는 건 너무 어렵다. 그러나 전혀 효과가 없는 건 아니다. 조금씩 좋아지고 있는 자신을 발견할 때가 제법 있다. 나는 틱낫한 스님의 다음 말씀을 좋아한다.

내가 하는 행위만이 오직 나의 진정한 소유물이라 할 수 있다. 나는 내 행위의 결과로부터 벗어날 수 없다. 내가 하는 행위는 내가 딛고 서는 터전이다.

내가 경험했던 불교의 여러 가지 수행처럼 기·생·욕 알아주기도 나에겐 수행이다. 코칭을 할 때 고객의 기·생·욕 알아주기를 실천하는 것을 넘어서서, 일상에서도 상대방의 기·생·욕을 알아주기 위해 노력하고 있다. 나는 기·생·욕 알아주기 실천을 통해 매일 행복하게 살 수 있는 씨앗을 뿌리고 씨앗에 물을 주고 있다.

> **일일시호일(日日是好日), 날마다 좋은 날이다.**

생각하건대, 기·생·욕 알아주기는 상대방의 탁월한 마음을 발견하는 매우 효과적인 방법이다. 이를 일상에서 실천하는 것은 사무량심과 사섭법을 실천하는 것과 같은 효과가 있고, 팔정도를 수행하는 것과 다르지 않다. 기·생·욕 알아주기는 자신을 사랑하면서 동시에 다른 사람에게도 도움이 되는 자리이타(自利利他)의 행위이며, '상구보리 하화중생(上求菩提 下化衆生, 위로는 진리를 구하고 아래로는 중생을 교화함)'이라는 보살의 행위와 다르지 않다.

제4장.

코칭의
프로세스

사성제와 GROW 모델

사성제(四聖諦)는 삼법인(三法印)과 함께 불교 교리의 핵심이다. 사
성제는 네 가지의 성스러운 진리라는 뜻으로, 인간의 괴로움이 무
엇인지, 괴로움의 원인이 무엇인지, 괴로움의 소멸 방법은 무엇인
지에 대한 가르침이다. 사성제는 다음과 같다.

- **고성제**(苦聖諦) : 괴로움이란 무엇인가에 대한 가르침 : 세상의
  모든 것은 괴로움이다(苦).
- **집성제**(集聖諦) : 괴로움의 원인에 대한 가르침 : 괴로움은 집
  착으로 인해 생긴다(集).
- **멸성제**(滅聖諦) : 괴로움의 소멸에 대한 가르침 : 괴로움과 집
  착이 없어진 것이다(滅).
- **도성제**(道聖諦) : 괴로움의 소멸에 이르는 길에 대한 가르침 :
  괴로움과 집착을 없애는 길이다(道).

고성제(苦聖諦)는 '일체개고(一切皆苦, 세상의 모든 것은 괴로움)'라
는 가르침이다. 생로병사(生老病死, 태어나고, 늙고, 병들고, 죽는 것) 모두
가 괴로움이라는 뜻이다. 이 세상의 모든 것은 괴로움이라는 말을

잘못 받아들이면 불교를 허무주의나 염세주의로 치부하고 만다. 우리는 괴로움이라는 진실을 받아들이고 극복하기보다는 회피하고 도망치는 데 익숙해져 있기 때문에 이를 극복하는 건 결코 쉬운 일이 아니다. 그러나 괴로움에 대한 진실한 대처 방법은 괴로움의 본질이 무엇인지 정확하게 아는 것이다. 부처님은 이를 의사가 병을 치료하는 것에 비유해서 설명했다. 의사가 병을 치료하기 위해선 환자가 어떤 병에 걸렸는지, 그 병이 어떤 것인지를 정확하게 알아야 한다는 것이다. 의사들에 따르면 자기 병을 인정하지 않는 환자를 제일 치료하기 어렵다고 한다.

"제 병은 제가 압니다. 이건, 별거 아닙니다. 제가 알아서 하겠습니다."

이런 환자들은 의사가 어떤 치료 방법을 제시해도 따르지 않고 자기 마음대로 대처해서 병을 더욱 악화시킨다. 부처님은 인간의 근본적인 괴로움에 대해, 의사가 병을 치료하는 것에 비유하면서 훌륭한 의사는 다음과 같이 병을 치료하는 네 가지 방법을 잘 알고 치료한다고 설명했다.

- 첫째, 병에 대해 잘 안다.
- 둘째, 병의 원인을 잘 안다.
- 셋째, 병의 치료 방법을 잘 안다.
- 넷째, 병이 치료된 뒤에 재발하지 않게 하는 방법을 잘 안다.

이게 곧 사성제의 가르침이다. 나는 이 대목처럼 불교의 정면 돌파하는 본질적인 가르침을 좋아한다. 병을 인정하지 않고 회피하기만 하면 병을 치료할 수 있는 방법이 없지만, 자신의 병을 잘 인지하고 인정하면 치료의 길을 찾을 수 있는 것처럼, 생로병사의 네 가지는 인간의 근본적인 괴로움이라는 것을 직시하고 인정할 때 비로소 괴로움으로부터 벗어날 수 있는 길이 열릴 것이다. 생로병사라는 네 가지 고통(四苦)에 다음의 네 가지를 더하면 여덟 가지의 인간의 근본적인 괴로움(八苦)이 된다.

- **애별리고**(愛別離苦) : 사랑하는 사람과 헤어지는 괴로움
- **원증회고**(怨憎會苦) : 싫어하고 미워하는 사람을 만나는 괴로움
- **구부득고**(求不得苦) : 가지고 싶은데 가지지 못하는 괴로움
- **오음성고**(五陰盛苦) : 일시적으로 생겼다가 사라지는 오온의 쌓임을 자신이라고 집착하는 데서 오는 괴로움으로 끊임없는 번뇌 망상을 일으킨다.

고성제는 괴로움을 회피하지 말고, 괴로움의 본질을 정확하게 인식하며, 괴로움의 실체를 있는 그대로 보라는 가르침이다. 나아가서 집성제는 괴로움이 생기는 원인에 대한 가르침이며, 멸성제는 괴로움이 사라진 상태에 대한 가르침이고, 도성제는 괴로움을 없애는 방법에 대한 가르침이다.

나는 코칭을 처음 배우면서 코칭 대화모델이 사성제의 구조와

매우 닮았다고 생각했다. 대표적인 코칭 대화모델인 GROW 모델과 비교해 보자. GROW는 Goal, Reality, Option, Will의 머리글자를 따서 만든 합성어다. GROW 모델은 다음과 같은 구조를 가지고 있다.

- **Goal** (목표 설정) : 해결하고 싶은 것이 무엇인지, 어떻게 해결하고 싶은지, 해결된 상태는 어떤지를 확인한다.
- **Reality** (현재 상태) : 현재 어떤 상태인지 확인한다.
- **Option** (해결 방안) : 다양한 해결 방안을 살펴본다.
- **Will** (실행 의지) : 무엇을 실천할 것인지 확인한다.

GROW 모델은 목표를 설정하고, 현재 상태를 확인하며, 해결 방안을 찾고, 실행을 통해 목표를 이루어 가는 프로세스다. 다음 표에서 사성제와 GROW 모델을 비교해 보자.

사성제	GROW 모델
고(苦) : 괴로움이란 무엇인가?	**Goal** : 해결하고 싶은 것이 무엇인가?
집(集) : 괴로움의 원인은 무엇인가?	**Reality** : 현재 상태는 어떠한가?
멸(滅) : 괴로움이 없어진 상태는 어떤 상태인가?	**Option** : 목표를 달성하는 방법은 무엇인가?
도(道) : 괴로움을 없애고 행복에 이른다	**Will** : 실행하고 목표를 성취한다

사성제와 GROW 모델의 비교

- 사성제의 고(苦)는 괴로움의 실체를 이해하는 것이고, GROW의 Goal은 원하는 것의 실체와 본질을 이해하는 것이라는 점에서 닮았다.
- 사성제의 집(集)은 괴로움의 원인이 무엇인지를 이해하는 것이고, GROW의 Reality는 현재 상태의 원인을 이해하는 것이다. 원인을 파악하고 이해하려는 점에서 같다.
- 사성제의 멸(滅)은 괴로움이 없어진 상태를 이해하는 것이고, GROW의 Option은 목표를 달성하는 다양한 방법을 찾는 것이다.
- 사성제의 도(道)는 괴로움을 없애고 행복에 이르는 길을 이해하는 것이고, GROW의 Will은 계획을 실행하고 목표를 성취하는 방법에 관한 것이다.

사성제는 괴로움에 대한 가르침이고, GROW는 목표를 달성하는 방법에 대한 것으로, 표면적으론 서로 다르게 보이지만, 본질적으론 괴로움과 목표의 실체에 대한 근본적인 이해를 기반으로 해결 방안을 제시하는 점에서 닮았다. 사성제의 구조를 이해하면, GROW 모델이 가지고 있는 논리적 구조를 더 잘 이해할 수 있다. GROW 모델은 고객으로 하여금 해결하고 싶은 것(苦)이 무엇인지 확인하고, 현재 상태를 확인하며(集), 해결 방안을 모색하고(滅), 실행을 통해 성취를 이루는(道) 구조를 이루고 있다. 사성제의 구조와 유사하다는 걸 알 수 있다.

GROW 모델을 활용한 코칭 대화

이제 GROW 모델은 다음과 같은 프로세스에 따라 코칭을 진행한다.

- **Goal** (목표를 설정한다.)

"오늘 어떤 이야기를 해 볼까요?"

"그 문제가 어떻게 해결되기를 바랍니까?"

"그것이 해결되면 어떤 점이 좋습니까?"

- **Reality** (현재 상태를 확인한다.)

"지금 현재는 어떤 상태입니까?"

"어떤 것을 해결해야 합니까?"

"그것을 해결하기 위해 지금까지 어떤 노력을 해 보았습니까?"

"해 보고 싶었지만, 하지 않은 것은 무엇입니까?"

- **Option** (다양한 해결 방안을 살펴본다.)

"원하는 모습이 되기 위해 무엇을 해야 할까요?"

"지금보다 10배 더 용기가 있다면 무엇을 하겠습니까?"

"절대로 실패하지 않는다면, 무엇을 해 보고 싶은가요?"

- **Will** (실행 의지를 확인하고 실행한다.)

"지금까지 살펴본 것 중에서, 당장 무엇을 실천해 보고 싶은가요?"

"그것을 실행하는 데 예상되는 장애는 무엇인가요?"

"그 장애는 어떻게 해결할 수 있나요?"

"언제부터 시작하겠습니까?"

GROW 모델에 따라 코칭을 진행한 사례를 살펴보자.

[Goal : 목표 설정]

코치 : 오늘 어떤 이야기를 해 볼까요?

고객 : 제가 시간 관리를 잘 못하는 것 같습니다. 어떻게 하면 시간 관리를 잘할 수 있는지에 대해 이야기해 보고 싶습니다.

코치 : 조금 자세하게 말해 주실래요?

고객 : 예. 요즘 와서 일이 밀리고, 마감 시한도 잘 지키지 못하는 것 같고, 의사 결정을 하는 데 타이밍을 자주 놓치는 것 같습니다.

코치 : 많이 답답하시겠어요.

고객 : 예. 짜증도 나고, 내가 능력이 없는 건지 의기소침해 지기도 하고, 예전엔 그러지 않았는데, 왜 그렇지 하는 생각이 자주 듭니다.

코치 : 지금 말씀하시면서 표정이 많이 어두워지신 거 같아요.

고객 : 예. 하루라도 빨리 이런 상황을 탈피하고 싶네요.

코치 : 예전엔 그렇지 않았는데, 요즘에 와서 그런 현상이 생겼다는 말로 들리네요.

고객 : 예. 예전엔 칼같이 마감 시한을 지켰고, 의사 결정도 빨리 내렸습니다. 일이 밀리는 경우가 거의 없었습니다.

코치 : 맡은 일에 어떤 변화가 있었나 보군요.

고객 : 예. 사실은 팀장으로 승진하고 나서부터 그렇게 됐습니다. 팀장이 되고 나니까, 제가 직접 맡은 업무도 처리해야 하고 팀원들 업무도 챙겨야 해서 일이 너무 많이 늘어났습니다. 정신을 못 차릴 정도로 바빠졌고, 정신을 차리지 못하니까 업무를 놓치기도 하는 거 같습니다.

코치 : 그렇군요. 오늘 대화를 통해 어떤 걸 얻고 싶으세요?

고객 : 어떻게 하면 정신적으로 여유를 가지고 일할 수 있는지 방법을 알고 싶습니다.

코치 : 정신적으로 여유를 가지고 일을 하는 건 어떤 건가요?

고객 : 마감에 쫓기지 않게 일하고, 의사 결정도 빨리 해서 팀원들에게 신뢰를 얻고, 성과도 잘 내는 거 아닐까요?

[Reality : 현재 상태]

코치 : 그렇게 되기 위해 무엇을 해야 합니까?

고객 : 일을 좀 줄여야 할 거 같습니다. 지금은 모든 업무를 제가 직접 챙기고 있는데, 제가 꼭 하지 않아도 되는 일은 팀원들에게

위임을 해야 할 거 같습니다.

코치 : 위임을 하기 위해 지금까지 어떤 노력을 해 보셨는지요?

고객 : 지금은 제가 모든 걸 다 챙기고 있습니다. 마음속으론 이래선 안 된다는 걸 알면서도 직원들이 혹시 실수라도 할까 봐 불안해서 위임을 못하고 있습니다.

코치 : 해 보고 싶었지만, 하지 않았던 게 있다면 무엇입니까?

고객 : 업무를 구분하는 일부터 해야 할 거 같습니다. 중요하면서도 긴급한 일은 지금처럼 제가 직접 처리하고, 긴급하긴 하지만 덜 중요한 일은 과감하게 위임할 수 있도록, 업무를 시작하기 전에 그 일에 대한 중요성과 긴급성에 대해 구분하는 일을 먼저 해야 할 거 같습니다. 그래야 올바른 위임을 할 수 있을 거 같습니다.

[Option : 해결 방안]

코치 : 긴급성과 중요성을 구분해서 적절하게 위임을 잘하면, 정신적으로 여유를 가지고 일할 수 있다는 걸로 들리네요.

고객 : 그렇습니다. 그렇게 되면 일상의 업무에 시달리던 것에서 벗어나서, 보다 창의적인 일을 할 수 있는 마음의 여유가 생길 거 같습니다.

코치 : 지금보다 10배 더 용기가 있다면 무엇을 하겠습니까?

고객 : 지금은 팀장의 고유 업무가 있는데, 이걸 팀원들에게 모두 나누어 주고 저는 전체를 보면서 조율하고 지원하는 일만 해 보

고 싶습니다.

코치 : 팀장의 모든 업무를 팀원들에게 모두 나누어 주는 것에 더해
　　　서, 절대로 실패하지 않는다면 무엇을 해 보고 싶은가요?

고객 : 윗분들에게 보고하는 보고서를 모두 없애 버리고 싶습니다.
　　　보고서 없는 팀을 만들어 보고 싶습니다.

코치 : 그리고 또 무엇을 해 보고 싶은가요?

고객 : 정기적으로 하는 회의를 모두 없애 버리고 싶습니다. 긴급하
　　　게 필요한 회의를 제외하고, 일일회의, 주간업무회의, 월례회
　　　의 등 모든 회의를 없애 버리고 싶습니다. 사실 회의자료 만드
　　　느라 대부분의 시간을 낭비하고 있거든요.

[Will : 실행 의지]

코치 : 지금까지 살펴본 것 중에서, 당장 무엇을 실천해 보고 싶은가
　　　요?

고객 : 업무를 시작하기 전에, 중요도와 긴급도에 따라 업무를 구분
　　　하고 그에 따라 업무를 위임하는 것부터 해 보고 싶습니다.

코치 : 실행하는 데 있어서 예상되는 장애는 무엇인가요?

고객 : 이것도 너무 바쁘면 시간을 내기 어려울 테니 업무를 분류하
　　　는 시간을 확보하는 게 중요할 거 같습니다.

코치 : 시간 확보는 어떻게 할 수 있을까요?

고객 : 일단 여유가 생길 때까지, 다음 주에 해야 할 업무를 구분하는
　　　작업을 주말에 미리 해야 할 거 같습니다. 집에서 하든지, 회

사에 나와서 하든지, 일단 주말에 시간을 확보해야 할 거 같습니다.

코치 : 언제부터 시작하시겠습니까?

고객 : 이번 주부터 당장 시작하겠습니다.

코치 : 오늘 대화를 통해 무엇을 느끼셨나요?

고객 : 여태까지 제가 바쁜 게 환경 탓이라고 생각했는데, 제가 방법에 대해 깊이 있게 생각해 보지 않았다는 걸 느꼈고, 이 문제는 얼마든지 해결할 수 있을 거라는 생각이 들었습니다.

코칭은 고객이 원하는 게 무엇인지를 발견하고, 그걸 이룰 수 있는 방법을 모색하고, 실천하고 성취하는 일련의 과정이다. 이러한 일련의 작업을 잘할 수 있도록 도와주는 것이 코칭모델이다. 이상에서 살펴본 것처럼 GROW 모델은 고객의 목표를 발견하고 이를 성취하는 데 매우 효과적인 도구이다. 목표를 설정하고 구체적인 해결 방법을 찾아내는 프로세스에 최적화되어 있다. 그런데 이러한 프로세스뿐만 아니라, 고객의 마음에 대한 깊이 있는 탐색과 성찰이 더 필요한 코칭도 있다. 고객의 마음에 대해 폭넓게 탐색하고 깊이 있게 연구할 필요가 있다고 판단될 때는, 다음에 소개하는 DSA 모델을 사용하는 게 더 효과적이다. DSA 모델은 고객이 자신의 마음을 발견할 수 있도록 격려하고, 자신의 마음을 더 탐색할 수 있도록 하는 데 초점을 맞추고 있기 때문이다. 그러나 이 두 모델이 어떤 케이스에는 어떤 모델을 사용하고, 어떤 주제에는 어떤 모델을 사용하는 것이 좋다는 식으로 명확하게 구분되지는 않는다. 두 모델 모두 코칭의 원리에 기반하고 있고, 코칭의 프로세스를 모두 갖추고 있기 때문이다. 다만, 두 모델이 지향하는 바를 통합적으로 이해하여 보다 자유롭게 코칭할 수 있는 역량을 갖출 필요가 있다. 이제 DSA 모델에 대해 살펴보기로 하자.

깨달음의 프로세스, 신·해·행·증

『화엄경』에서는 수행의 방법으로 신(信)·해(解)·행(行)·증(證)을 제시한다. 신(信)은 진리에 대한 믿음이고, 해(解)는 진리에 대한 이해이며, 행(行)은 진리의 실천이다. 이런 과정을 통해 마침내 결과를 성취하는 것이 증(證)이다.

나는 박사 과정에서 공부할 때 신의 단계에서 발목이 잡혀 있었다. 불교는 자각의 종교라고 했는데 무조건 믿으라는 게 말이 안된다고 생각했다. 이런 의심에 휩싸여 박사 과정 내내 한 치도 앞으로 나아갈 수 없었다. 그런데 이 믿음은 누군가에 대한 무조건적인 믿음이 아니라 자신이 부처가 될 수 있는 존재라는 것에 대한 믿음이라는 걸 박사 과정을 수료하고 난 한참 후에 비로소 알게 됐다. 교수님께 물었다.

"교수님, 신·해·행·증의 신이 자신이 부처가 될 수 있다는 믿음을 가지는 거라는 걸 왜 이제야 가르쳐 주십니까?"

"나는 처음부터 말했는데, 자네가 그걸 이해하지 못했을 뿐이다. 나는 불교의 수행 방법은 신·해·행·증이라고 일관되게 말했다."

나의 경우처럼 신에 대해 제대로 이해하지 못하면 다음 단계로 나아가기 어렵다. 여기서 신은 부처님에 대한 믿음을 넘어서는 더욱 적극적인 개념이다. 불지견(佛知見), 즉 자신이 부처가 될 수 있다는 믿음이다. 중생지견(衆生知見), 즉 자신은 부처가 될 수 없는 중생에 불과하다는 생각을 가지고 있으면 한 걸음도 앞으로 나아가기 어렵다. 자신에게 한계를 씌워 놓고 그 한계에 갇혀 중생처럼 행동하기 때문이다.

'내가 어떻게 감히 부처님처럼 될 수 있겠어.'

'나는 미혹한 중생에 불과해.'

'중생 주제에 어떻게 하겠어.'

이처럼 자신에게 스스로 채워 놓은 족쇄로 인해 더 나아가지 못하는 것이다. 반면에 불지견이란 나도 부처가 될 수 있다는 생각이다.

'내가 부처라면 이럴 때 어떻게 할까?'

'부처가 되기 위해선 어떻게 해야 할까?'

중생의 마음은 겸손이 아니라 자신에게 스스로 한계를 씌우는 비굴한 마음이다. 중생의 마음을 가지면 당당하지 못하고 매사 남에게 의지하고 구걸하게 된다. 그러므로 자신도 얼마든지 부처가 될 수 있다는 마음을 가지는 것이 깨달음으로 가는 출발점이다. 화엄경에서는 '믿음은 도의 근원이며, 공덕의 어머니'라 했고, 법화경에서는 '의심으로는 불법을 이룰 수 없다. 오직 믿음으로만 불법에 이를 수 있다.'고 했다. 깨달음의 프로세스인 신·해·행·증은 다음과 같이 정리할 수 있다.

- **신**(信) : 자신이 부처가 될 수 있는 가능성이 있다고 믿는다.
- **해**(解) : 부처란 무엇인지, 부처가 된 상태는 어떤 것인지, 부처가 되는 방법은 무엇인지에 대해 철저하게 이해한다.
- **행**(行) : 부처가 되는 방법을 실천한다.
- **증**(證) : 부처를 이룬다.

신·해·행·증은 자신도 부처가 될 수 있다는 가능성을 믿고, 부처가 된 상태와 부처가 되는 방법에 대한 철저한 이해를 바탕으로, 부처가 되는 방법을 실천함으로써 해탈과 열반을 이루는 깨달음의 프로세스다. 코칭도 마찬가지다. 자신이 진정으로 원하는 것이 무엇인지, 자신의 마음속에 있는 탁월함이 무엇인지를 발견하고, 이를 성취해 가는 프로세스다. 자세하게 살펴보기로 하자.

DSA 프로세스

코칭은 자신이 원하는 것이 무엇인지 발견하고, 그걸 이루어 가
는 과정이다. 그 과정에는 특정한 프로세스가 있다. 앞에서 살펴본
GROW 모델도 그중의 하나이다. 바둑에 여러 가지 정석이 있듯이
코칭에도 여러 가지 모델이 있다. 학자들에 따라서, 코칭하는 사람
에 따라 선호하는 모델이 달라진다. 여기서는 DSA 코칭모델을 제
안한다. DSA 코칭모델은 약 20년 가까이 코칭을 공부하면서 알게
된 여러 가지 코칭모델을 통합하여, 불교적 관점에서 이해하기 쉽
게 정리하고 개발한 코칭모델이다. 다음 그림을 통해 DSA 프로세
스를 살펴보자.

DSA 프로세스

DSA 프로세스는 다음과 같은 구조를 가지고 있다.

- **Discover** (발견 격려) : 자신이 원하는 게 무엇인지, 어떤 삶을 살기를 원하는지 등 자신의 내면에 있는 탁월한 마음을 발견할 수 있도록 격려하는 것이다.
- **Strategy** (전략 지원) : 이 단계는 자신이 발견한 원하는 모습에 이르기 위한 구체적인 전략을 수립하는 단계이다. 코치는 고객이 목표를 달성할 수 있도록 전략 수립을 지원한다.
- **Action & Achieve** (실행 성취) : 전략 지원 단계에서 살펴본 여러 가지 실행 계획에 대해 구체적으로 실행할 것을 정하고, 실행을 통해 성취를 이루어 내는 것이다.

DSA 프로세스에 대해 자세하게 살펴보자.

첫 번째, 발견을 격려한다(Discover).

'발견한다' 또는 '발견해 준다'가 아니라, '발견을 격려한다'는 점에 주목할 필요가 있다. 코치가 발견해 주는 게 아니라, 고객이 스스로 발견할 수 있도록 격려하는 것이다. 이는 고객은 온전하고 창의적이며 스스로 해답을 가지고 있다는 믿음에 기반한다. 코치가 뭔가를 가르쳐 주겠다거나, 고객을 고쳐 주어야 할 대상으로 여기는 게 아니라, 고객 스스로 할 수 있는 온전한 존재로 믿는 것이다. 고객의 탁월한 성품을 믿고, 고객이 스스로 자신의 탁월한 마음을 발견할 수 있도록 격려하는 것이다. 고객으로 하여금 무엇을 해결하고 싶은지, 어떤 존재가 되고 싶은지 등의 질문을 통해 고객으로 하여금 스스로 자신의 탁월한 마음을 발견할 수 있도록 격려하는 것이다. 다음과 같이 질문한다.

- 어떤 문제를 해결하고 싶은가요?
- 무엇을 더 잘하고 싶은가요?
- 무엇을 개선하고 싶은가요?
- 지금 어떤 애로사항이 있나요?
- 성취하고 싶은 것은 무엇입니까?
- 고객님이 되고 싶은 모습은 무엇입니까?
- 지금 상황에서 마음대로 할 수 있다면 어떻게 되고 싶은가요?

이런 질문들을 통해 고객이 성취하고자 하는 것을 찾아내고, 명확하게 하고, 정렬시킨다. 고객이 스스로 자신의 탁월한 마음을 발견하도록 격려하는 것이 'Discover'이다.

두 번째, 전략 수립을 지원한다(Strategy).

발견을 격려하는 단계에서 고객이 이루고자 하는 것을 확인했으므로, 이 단계에서는 고객이 현재 어떤 상태에 있는지를 먼저 확인한다. 그리고 목표와 어떤 갭이 있는지 확인하고 목표를 달성할 수 있는 여러 가지 방법을 함께 모색한다. 이를 전략 수립을 지원한다고 말한다. 이때도 코치가 전략을 수립해 주는 게 아니라, 고객이 전략을 수립할 수 있도록 지원하는 것임을 잊어선 안 된다.

다음과 같은 질문을 통해 고객의 현재 상태를 확인한다.

- 현재 상태는 어떻습니까?
- 지금 어떤 일이 일어나고 있습니까?
- 이 일은 언제 일어납니까? 얼마나 자주 발생합니까?
- 이 일은 어떤 영향을 미칩니까?
- 그걸 해결하기 위해 지금까지 어떤 노력을 해 보셨나요?
- 어떤 게 효과가 있었습니까?
- 지금보다 더 용기가 있다면 무엇을 해 보고 싶은가요?
- 만약 절대로 실패하지 않는다면 무엇을 해 보고 싶은가요?

이 단계는 고객의 목표를 달성하기 위해 다각도로 브레인스토밍을 하는 게 핵심이다. 코치는 다양한 질문을 통해 고객이 여러 관점에서 생각할 수 있도록 돕고, 고객이 탁월한 방법을 찾을 수 있도록 지원한다.

세 번째, 실행하고 성취하게 한다(Action & Achieve).

이 단계는 전략 수립을 지원하는 단계에서 살펴본 여러 가지 생각들에 대해, 구체적으로 실행할 수 있도록 돕는 것이다. 고객이 혼자서 실행을 다짐했을 때 약해질 수 있는 실행력에 대해 코치가 격려하고 지원함으로써 고객의 실행력을 높이고 성취할 수 있도록 지지하는 것이다. 다음과 같이 질문한다.

- 지금까지 살펴본 것 중에서 무엇을 해 보고 싶은가요?
- 구체적으로 무엇을 하겠습니까?
- 그것을 실천했다는 걸 어떻게 측정할 수 있습니까?
- 언제까지 실천하겠습니까?
- 실천한 내용을 어떻게 확인하겠습니까?

코칭 대화를 통해 고객이 발견한 자신의 마음에 대해 다시 한 번 정리하고, 실행을 다짐함으로써 목표를 성취할 수 있도록 돕고, 고객과 함께 코칭을 마무리한다. 다음과 같이 질문한다.

- 오늘 대화를 통해 무엇을 배웠습니까?
- 어떤 성찰이 있었습니까?
- 자신에 대해 새롭게 알게 된 것은 무엇입니까?
- 관점이 전환된 것은 무엇입니까?
- 실천하기로 한 것이 잘 이루어진다면 삶이 어떻게 달라지겠습니까?

고객이 스스로 대화를 정리하고 난 후에는, 코치가 다음과 같이 고객이 성취한 것, 관점을 전환한 것 등에 대해 말해 주고, 축하하고 인정해 준다.

- 코칭을 통해 고객이 성취한 것을 말해 준다.
- 코칭을 통해 고객이 시각을 전환한 것을 말해 준다.
- 코칭을 통해 고객이 새로운 의미를 부여한 것을 말해 준다.
- 코칭을 통해 고객이 실행 의지를 강력하게 부여한 것을 말해 준다.
- 축하하고 지지하고 응원해 준다.

이상에서 살펴본 것처럼 DSA 프로세스는 고객으로 하여금 자신의 탁월한 마음을 발견할 수 있도록 격려하고, 이를 달성할 수 있는 전략 수립을 지원하며, 실행하고 성취할 수 있도록 돕는 구조를 가지고 있다. 이제 코칭의 DSA 프로세스와 앞에서 살펴본 신·해·행·증의 깨달음의 프로세스를 비교해 보자.

신·해·행·증과 DSA 프로세스의 비교

앞에서 살펴본 깨달음의 프로세스인 신·해·행·증은 자신이 부처가 될 수 있는 가능성이 있다고 믿는 '신(信)'이 핵심이다. 중생지견에서 벗어나서 불지견을 가져야 비로소 다음 단계로 나아갈 수 있다. 코칭도 마찬가지다. 고객이 스스로의 가능성을 믿지 않으면 자신의 탁월함을 이끌어 내기 어렵다.

'제가 진짜로 부처가 될 수 있을까요? 저 같은 중생에겐 언감생심이겠지요?'

'제 능력으로는 더 이상 어떻게 해 보기 어려워요.'

이렇게 스스로 자신에게 씌워 놓은 한계의 굴레를 벗어던지는 게 신·해·행·증 프로세스의 출발이고, DSA 프로세스의 시작이다.

- **신(信)** : 자신이 부처가 될 수 있다는 가능성을 철저하게 믿는다.
- **발견 격려**(Discover) : 자신의 탁월성을 믿고, 자신의 탁월한 마음을 발견한다.

신·해·행·증은 삼법인과 연기법을 이해하고, 사성제와 팔정도의 실천을 통해 해탈과 열반의 경지에 이를 수 있다는 믿음이 있어야 비로소 그 다음 단계로 나아갈 수 있다. '신'이 출발점이다.

코칭은 자신의 마음을 발견하고, 그걸 이루어 가는 과정이므로, 먼저 자신에게 탁월성이 있고 무한한 가능성이 있다는 걸 믿을 때 비로소 다음 단계로 나아갈 수 있다. 자신의 무한한 가능성을 믿는 것이 출발점이다.

신·해·행·증의 '해(解)'와 DSA의 전략 지원을 비교해 보자.

- **해(解)** : 부처란 무엇인지, 부처가 된 상태는 어떤 것인지, 부처가 되는 방법은 무엇인지에 대해 철저하게 이해하는 것이다.
- **전략 지원**(Strategy) : 고객의 현재 상태에 대해 분명하게 이해하고, 어떤 실행방법이 있는지 다양한 실행방법에 대해 살펴본다.

신·해·행·증에서 '해'의 단계는 경전을 통해 진리를 이해하고, 법문을 들으며 일상에 적용할 수 있는 지혜를 터득하는 것이다.

전략 지원의 단계는 고객의 현재 상태를 다양한 관점을 통해 이해하고, 브레인스토밍을 통해 여러 가지 방법들을 모색하는 것이 핵심이다. 이 단계에서 살펴본 내용들을 모두 실천하는 것이 아니기 때문에, 가벼운 마음으로 다양한 아이디어를 검토할 수 있는 유연한 자세가 필요하다.

신·해·행·증의 '행(行)'·'증(證)'과 DSA의 실행 성취를 비교해 보자.

- **행**(行), **증**(證) : 행은 실천에 옮기는 것이고, 증은 결과를 성취하는 것이다.
- **실행 성취**(Action & Achieve) : 전략 수립 단계에서 살펴본 여러 가지 방법에 대해 실제로 실천할 것을 정하고, 이를 실행에 옮겨서 성취를 이룬다.

신·해·행·증의 '행'은 경전을 독송하거나, 염불을 하거나, 참선을 하거나, 사경을 하거나, 108배를 하는 등 여러 가지 방법이 있다. 자신의 근기에 맞는 방법을 선택해서 꾸준하게 실천함으로써 깨달음을 증득한다. 행의 이전에 삼법인과 연기법, 사성제와 팔정도에 대한 이해가 선행되어야 함은 물론이다. DSA의 실행 성취는 전략 지원 단계에서 살펴본 여러 가지 방법들 중에서 자신의 상황에 맞는 것을 정해서 꾸준하게 실천하고 목표를 달성하는 것이다.

지금까지 살펴본 신·해·행·증과 DSA를 다음 표와 같이 정리할 수 있다.

신·해·행·증	DSA 프로세스
신(信) : 자신이 부처가 될 수 있는 가능성이 있다고 믿는다	Discover : 자신의 가능성을 믿고 탁월한 마음을 발견한다
해(解) : 부처란 무엇인지, 부처가 된 상태는 어떤 것인지, 부처가 되는 방법은 무엇인지에 대해 철저하게 이해한다	Strategy : 현재 상태에 대해 분명하게 이해하고, 다양한 실천 전략을 살펴본다
행(行) : 부처가 되는 방법을 실천에 옮긴다	Action & Achieve : 실행하고 성취한다
증(證) : 부처를 이룬다	

신·해·행·증과 DSA 프로세스의 비교

신·해·행·증과 DSA를 다음과 같이 연결할 수 있다.

- **신**(信) : 고객이 스스로 성취를 이룰 수 있다는 믿음으로 발견을 격려한다(Discover).
- **해**(解) : 고객의 상황에 대해 분명하게 이해한다(Strategy).
- **행**(行) : 실행 계획을 이끌어 낸다(Action & Achieve).
- **증**(證) : 성취하게 한다(Action & Achieve).

DSA 프로세스 대화

DSA 프로세스에 따른 코칭 대화 사례를 살펴보자.

[Discover : 발견을 격려하기]

코치 : 오늘 어떤 이야기를 해 볼까요?

고객 : 제가 몇 년째 책을 쓰려고 마음먹고 있는데 책이 잘 써지지 않습니다. 어떻게 하면 책을 잘 쓸 수 있는지에 대해 코칭 받고 싶습니다.

코치 : 조금 자세하게 말씀해 주세요.

고객 : 제가 소통을 주제로 몇 년 동안 강의를 해 오면서 소통을 주제로 책을 써야겠다고 마음을 먹었는데 생각대로 잘 써지지 않습니다.

코치 : 오늘 코칭을 통해 어떤 걸 얻고 싶은가요?

고객 : 제가 왜 책을 쓰지 못하고 있는지, 그 이유를 알고 싶습니다.

코치 : 잘 알겠습니다. 책을 쓰는 것은 고객님에게 어떤 의미가 있습니까?

고객 : 저의 강의 내용을 정리하는 의미도 있고, 그 과정에서 저의 실력이 향상되기도 할 것이고, 다른 사람들에게 소통에 대한 전

문가라는 신뢰를 줄 수 있을 것 같습니다.

코치 : 실력이 향상되고 전문가라는 신뢰를 주게 되면, 고객님에게 어떤 점이 좋은가요?

고객 : 그렇게 되면, 제 강의에 대한 자부심도 생기고 강의 의뢰도 더 많이 들어와서 경제적으로도 여유가 생길 것 같습니다.

코치 : 경제적으로 여유가 생기는군요. 그리고 또 어떤 점이 좋은가요?

고객 : 제가 하는 강의가 다른 사람들에게 영감을 주고 도움이 된다면, 저의 삶이 더욱 보람 있을 것 같습니다.

코치 : 책을 쓰는 게 고객님에겐 매우 중요하고 보람된 일이군요.

고객 : 그렇습니다.

[Strategy : 전략 수립을 지원하기]

코치 : 고객님이 쓴 책을 읽은 사람들이 어떤 말을 해 주기를 기대합니까?

고객 : 소통에 대한 깊이 있는 내용을 쉽고 재미있게 잘 썼다. 정말 도움이 됐다. 고맙다. 앞으로 소통을 잘할 수 있을 것 같다. 이런 말들을 듣고 싶습니다.

코치 : 지금 고객님이 말한 내용을 독자들이 말해 주는 상황을 상상해 보시겠어요?

고객 : (눈을 감고 상상에 잠긴다. 심호흡을 하고 난 후에 말한다.) 정말 기분이 좋은데요. 날아갈 것 같습니다. 제가 정말 보람 있는 삶을 살

고 있다는 느낌이 듭니다.

코치 : 몸에서 뭐가 느껴지나요?

고객 : 얼굴이 후끈거리고 몸에서 열이 납니다. 가벼운 진동도 느껴
집니다.

코치 : 고객님이 내면 깊은 곳에서부터 책을 쓰고 싶어 한다는 게 느
껴지는군요. 그렇다면 여태까지 책을 쓰지 못하는 이유가 뭐
라고 생각되나요?

고객 : 일단, 강의하느라 쫓겨서 책을 쓸 시간을 확보하지 못한 것 같
습니다.

코치 : 시간을 확보하지 못했군요. 또 어떤 이유가 있을까요?

고객 : 제 책에 대한 자신감이 부족했던 것도 큰 이유인 것 같습니다.

코치 : 아~ 자신감이 부족했다고 느끼시는군요. 그렇군요. 그리고
또 어떤 이유가 있을까요?

고객 : 아마도 이게 가장 큰 이유일 것 같은데, 책에 담을 핵심 메시
지를 정리하지 못했기 때문이라는 생각이 듭니다.

코치 : 핵심 메시지라~~ 지금까지 수강생들이 강의가 좋았다고 말
해 준 것은 무엇인가요?

고객 : 단순한 이론이 아니라, 실생활에 바로 적용할 수 있는 현실적
인 내용이라는 것입니다. 그리고 소통의 본질을 쉽게 풀어내
는 것입니다. 또 강의가 재미있다는 것입니다.

코치 : 본질적인 내용을 쉽고 재미있게 풀어내셨군요. 그렇다면, 책
의 핵심 메시지를 한 줄로 표현해 보시겠어요?

고객 : 예? 한 줄로요? 깊이 있는 내용을 쉽고 재미있게 풀어낸, 소통
　　　의 본질에 대한 책, 이렇게 소통하면 된다~

코치 : 지금 말하고 나서 기분이 어떠세요?

고객 : 제가 너무 용기가 없었던 것 같다는 생각이 듭니다.

[Action & Achieve : 실행하고 성취하게 하기]

코치 : 자신에게 뭐라고 말해 주고 싶은가요?

고객 : 너의 강의 내용은 이미 충분하게 좋으니까, 그냥 써라!

코치 : 그냥 써라?

고객 : 예. 너무 잘 쓰려고 망설이기만 하면 절대로 책을 쓸 수 없다
　　　는 생각이 듭니다. 누군가에게 들었던 말인데, 전문가가 책
　　　을 쓰는 게 아니라 책을 쓰면서 전문가가 된다는 말이 생각
　　　납니다.

코치 : 멋진 말이군요. 어떻게 하고 싶은가요?

고객 : 일단 하루에 한 시간씩 쓰는 것부터 시작하겠습니다. 제가 그
　　　동안 책을 쓰지 못했던 이유가 너무 잘 쓰려고 하는 생각에서
　　　비롯된 '망설임'이라는 걸 오늘 대화를 통해 알게 됐습니다.

코치 : 그 망설임을 털어 내기 위해 하루에 한 시간씩 책을 쓰겠다는
　　　것이군요. 언제부터 시작하겠습니까?

고객 : 내일 아침부터 당장 시작하겠습니다.

코치 : 다른 애로사항은 없을까요?

고객 : 예. 오늘은 이것으로 충분할 것 같습니다. 제가 지금까지 책을

쓰지 못하는 이유가 망설임이라는 것을 알게 됐으니까, 일단 망설임부터 털어 내고 그 이후에 생기는 애로사항은 다시 코칭을 받으면서 해결하고 싶습니다.

코치 : 더 다루고 싶은 이야기가 있나요?

고객 : 이것으로 충분합니다.

코치 : 오늘 대화를 통해 무엇을 알게 됐습니까?

고객 : 저의 소통 강의가 제법 훌륭하다는 걸 확인했습니다. 그리고 제가 아직까지 책을 쓰지 못하는 이유가 내용이 부족해서가 아니라, 망설임 때문이라는 것도 알게 됐습니다.

코치 : 자신의 강의가 훌륭한 내용이라는 걸 확인했고, 지금까지 책을 쓰지 못한 이유가 망설임 때문이라는 것도 확인했고, 내일부터 하루에 한 시간씩 책을 쓰기로 한 고객님의 성찰과 실행력에 대해 지지하고 응원합니다.

불교에서는 진리를 터득하는 방법으로 '문(聞)·사(思)·수(修)'를 말한다. 진리를 듣고(聞), 진리에 대해 생각하고(思), 진리를 실천하는(修) 것이다. 문·사·수의 구조에 의하면 사성제의 설법을 듣고 나서, 사성제에 대해 깊이 생각하고, 사성제를 실천할 때 비로소 진리에 이를 수 있다. 신·해·행·증도 마찬가지다. 신·해·행·증에 대해 이해하고, 신·해·행·증을 실천하는 과정을 거쳐야 한다. GROW와 DSA도 마찬가지다. 이들의 원리에 대해 깊이 생각하고, 연습하고 실천하는 과정을 거쳐야 비로소 자기 것이 될 수 있을 것이다. 처음 코칭을 배우고 나면 실제로 적용하는 데 어려움이 있다. 마음먹은 대로 잘되지 않는다. 그래서 의심한다. '선무당이 사람 잡는 거 아닐까?'

『화엄경』에 '초발심시변정각(初發心時便正覺)'이라는 구절이 있다. 처음 발심할 때 곧 깨달은 것이고, 올바른 마음을 낼 때가 바로 깨달음의 순간이라는 뜻이다. 코칭에서도 마찬가지다. 올바른 마음가짐으로 코칭을 시작하는 순간이 곧 코칭의 완성이다. 나도 코칭을 처음 시작한 초보 시절이 있었고, 지금의 마스터 코치 시절도 있다. 돌이켜 보면, 어느 때가 더 코칭의 효과가 좋았다고 한마디로 말하기 어렵다. 초보 시절보다 마스터 코치로서 코칭 프로세스를 진행하는 게 더 수월해진 건 사실이다. 그러나 탁월성 측면에서 보면 어떤 코칭이 더 탁월한지는 알기 어렵다. 나는 이를 '수월성'과 '탁월성'의 문제로 구분한다. 수월성은 코치의 숙련도에 따라 좌우되는 것이지만, 탁월성은 코치의 몫이 아니다. 탁월성은 고객이 가진 성품이므로, 탁월성은 고객에게서 비롯된다. 초보 시절의 고객에게도 탁월성이 있었고, 지금의 고객에게도 탁월성이 있다. 고객의 탁월성을 믿고, 코치의 수월성을 연마해 갈 따름이다.

- **수월성** : 코치의 숙련도에 따라 좌우된다.
- **탁월성** : 탁월성은 코치의 몫이 아니다. 탁월성은 고객의 성품이다. 탁월성은 고객에게 있다. 코치는 고객의 탁월성을 이끌어 낼 따름이다.

제5장.

코칭 핵심 역량과
팔정도

코칭 핵심 역량과 팔정도

팔정도(八正道)는 해탈과 열반의 완성을 이루는 길이다. 코칭을 공부하면서 코칭 핵심 역량이 팔정도와 많이 닮아 있다는 생각을 했다. 코칭 핵심 역량과 팔정도가 어떻게 연결되어 있는지에 대해 오랫동안 고민했다. 그런 고민의 결과, 코칭 핵심 역량이 팔정도의 여덟 가지 길을 그대로 따르고 있음을 발견했다. 지금부터 코칭 핵심 역량을 팔정도의 관점에서 살펴보고자 한다. 팔정도는 다음과 같다.

첫째, 정견(正見)

바른 견해다. 정견은 올바름을 판단하는 지적 능력으로서, 사성제(四聖諦)의 진리에 대한 올바른 이해를 말한다. 즉, 세상에는 괴로움이 존재하고, 그 괴로움에는 원인이 있으며, 그 괴로움은 소멸 가능하고, 그 괴로움을 소멸시키는 길이 있다는 것을 올바로 인식하는 것이다.

둘째, 정사유(正思惟)

바른 생각이다. 온화하고 청정하고 자비로운 생각을 하는 것이다. 『대념처경』에는 악의 없음에 대한 사유, 폭력 없음에 대한 사유

를 정사유라 규정하고 있다. 정사유는 정견의 바탕 위에서 이루어
진다.

셋째, 정어(正語)

바른 말이다. 항상 깨어 있는 마음으로 언어 생활을 하는 것이
다. 거짓말을 하지 않고, 중상모략을 삼가고, 거친 말을 하지 않는 것
으로, 입으로 짓는 업(口業)을 짓지 않는 바른 말을 하는 것이다.

넷째, 정업(正業)

바른 행위다. 몸으로 하는 모든 행위를 올바르게 하는 것이다.
살생을 삼가고, 도둑질을 삼가며, 삿된 음행을 하지 않는 것이다.

다섯째, 정명(正命)

바른 생계다. 올바르지 않은 방법으로 생계를 영위하지 말고,
정당한 방법으로 생계를 영위하는 것이다. 다른 사람과 생명, 자연
과 평화에 해를 끼치지 않는 직업을 가지는 것이다.

여섯째, 정정진(正精進)

바른 노력이다. 지혜를 개발하고 유지하려는 노력이다. 『대념
처경』에는 '아직 일어나지 않은 선하지 않은 법들이 일어나지 못하
도록 의욕을 일으켜 노력하고, 마음을 격려하여 매진한다. 이미 일
어난 선하지 않은 법들을 제거하기 위해 의욕을 일으켜 노력하고,
마음을 격려하여 매진한다. 이미 일어난 선한 법들을 지속시켜 사
라지지 않게 하고, 그것들을 확장시켜 완전한 성취를 향한 의욕을
일으켜 노력하고, 마음을 격려하여 매진하는 것'을 일컬어 바른 정
진이라 규정하고 있다.

일곱째, 정념(正念)

바른 마음챙김이다. 바른 주의 집중, 바른 삿띠, 바른 깨어 있음이라고도 부른다. '몸에서 몸을 알아차리고, 느낌에서 느낌을 알아차리고, 마음에서 마음을 있는 그대로 알아차리고, 법에서 법을 있는 그대로 알아차리는' 것이 정념의 핵심이다. 자신이 어떤 마음 상태인지, 자신이 무엇을 하고 있는지 분명하게 알아차리는 것이다.

여덟째, 정정(正定)

바른 선정이다. 바른 삼매라고도 한다. 마음을 바르게 한 곳에 집중하여 흔들림 없는 평정한 마음 상태를 유지하는 것이다. 번뇌를 벗어나서 분별을 버리고, 생각이 가라앉아 평온하고 고요한 집중상태를 말한다. 마음이 삼매를 이루어 열반에 이른다.

팔정도는 괴로움을 소멸하고 해탈과 열반을 이루는 길이다. 여기서 여덟 가지의 올바른 길은 홀로 떨어져 있는 길이 아니라, 서로 연결되어 있는 길이다. 서로 의지하기도 하고, 서로 선행조건이 되기도 하며, 서로 결과가 되기도 하는 통합의 길이다. 정견이 기반이 되어야 비로소 정사유가 가능해지고, 정사유의 기반 위에서 정어·정업·정명이 이루어질 수 있다. 이들은 분리되어 존재하지 않는다.

팔정도는 불교의 세 가지 공부 방법인 계(戒)·정(定)·혜(慧)의 삼학(三學)으로 정리할 수 있다. 정어·정업·정명은 계에 해당하고, 정정진·정념·정정은 정에 해당하며, 정견·정사유는 혜에 해당한다. 팔정도는 각 항목을 분리하여 이해할 수도 있고, 특정 범주에 포함하여 이해할 수도 있다.

해탈과 열반에 이르는 여덟 가지 길이 팔정도라면, 코칭에는 여덟 개의 코칭 핵심 역량이 있다. 코치들이 제대로 된 코칭을 할 수 있도록 안내하는 지침이 코칭 핵심 역량이다. 국제코치연맹이 제시하는 코칭 핵심 역량은 다음과 같다.

1. 윤리적 실행을 보여 준다.
2. 코칭 마인드 셋을 체화한다.
3. 합의를 도출하고 유지한다.
4. 신뢰와 안전감을 조성한다.
5. 프레즌스를 유지한다.
6. 적극적으로 경청한다.
7. 알아차림을 불러일으킨다.
8. 고객의 성장을 촉진한다.

이 역량들은 코칭을 시작하는 방법과 코칭을 마무리하는 방법, 코칭 진행 중에 어떻게 해야 하는지에 대한, 코칭 전체를 아우르는 가이드다. 코치는 이 역량을 발휘하면서 코칭하고, 이 가이드에 따라 지속적으로 역량을 향상시킨다. 팔정도가 불교 수행의 방법이라면, 코칭 핵심 역량은 코치가 연마하고 실천해야 할 코칭 방법인 것이다.

팔정도의 각 항목이 서로 연결되어 서로에게 의지하듯, 여덟 개의 코칭 핵심 역량도 분리되어 있는 게 아니라, 서로가 서로를 의지하면서 통합을 이루고 있다. 각 항목들이 매트릭스처럼 서로 연결되어 있어서, 팔정도의 각 항목과 코칭 핵심 역량의 각 항목을 대응시켜 단순 비교하는 것은 불가능하다. 그러나 팔정도 각 항목은 코칭 핵심 역량 전체에 오롯이 녹아 있다. 팔정도와 코칭 핵심 역량의 비교를 통해 코칭에 대한 깊은 이해와 통찰을 얻을 수 있을 것이다. 지금부터 코칭 핵심 역량의 각 항목에 대해 팔정도의 관점에서 살펴보기로 한다.

코칭 핵심 역량	팔정도
윤리적 실행을 보여 준다	정명
코칭 마인드 셋을 체화한다	정정진
합의를 도출하고 유지한다	정견
신뢰와 안전감을 조성한다	정사유
프레즌스를 유지한다	정념
적극적으로 경청한다	정정
알아차림을 불러일으킨다	정어
고객의 성장을 촉진한다	정업

코칭 핵심 역량과 팔정도

윤리적 실행을 보여 준다, 정명(正命)

성철 스님은 수행자의 게으름과 사치를 몹시 싫어했다. 게으름을 피우는 제자를 보면 거침없이 욕을 했다.

"이 쌍놈의 자식들아~ 신자들 밥만 축내는 빌어먹을 놈들!"

성철 스님은 입버릇처럼 말했다.

"살인강도가 될지언정, 어찌 만고의 스승이신 부처님을 팔아먹으려고 하는가? 부처를 팔아 돈을 벌려고 하는 건 불법파멸의 근본 악폐다."

성철 스님은 7년 동안 잘 때도 눕지 않는 장좌불와(長坐不臥)를 하면서 철저한 수행을 몸소 실천했고 검소한 생활을 했다. 여름에는 삼베옷 한 벌, 겨울에는 광목옷 한 벌로 기워 입고, 또 기워 입으며 누더기 옷 두 벌로 40년을 지냈다고 한다. 하루는 백련암 원구 스님이 성철 스님이 공양을 마친 뒤 바리때 곁에 놓아둔 이쑤시개를 무심코 버렸다가 날벼락을 맞았다. 그 이쑤시개는 성철 스님이 10년이나 쓰던 것이었다고 한다. 성철 스님이 존경을 받았던 이유는 수행이 깊은 탓도 있지만, 수행자로서의 모범적인 삶 때문일 것이다. 성철 스님이 입버릇처럼 하던 말이 있다.

"신도들의 시주를 받는 것을 날아오는 독화살을 받는 것처럼 두려워하라.”

팔정도의 정명은 올바른 방법으로 생계를 유지하는 것이다. 경전에 보면, 출가자는 무소유와 걸식으로 의식주를 구해야지 사주, 관상, 점 등으로 생계를 유지해서는 안 된다는 구절이 있다. 또 다른 경전에는 재가자들이 해서는 안 되는 장사로 무기, 사람, 동물, 술, 독약 장사의 다섯 가지를 들고 있다. 정명은 시대 상황에 따라 개념이 조금 달라질 수 있지만, 정당한 방법으로 생계를 영위하라는 것이다.

코칭에서도 코치들이 지켜야 할 윤리기준이 있다. 코칭은 고객의 삶에 대해, 고객이 원하는 걸 발견하고 이루어 가는 일련의 과정이다. 이 과정에서 고객의 삶에 대해 깊이 있게 다루게 된다. 이러한 코칭의 속성 때문에 코치에게는 높은 윤리적 기준이 요구된다.

첫째, 비밀을 유지해야 한다.

코칭을 통해 알게 된 내용에 대해서는 법률에 위배되지 않는 한 어떠한 경우라도 비밀을 유지해야 한다.

둘째, 정직해야 한다.

코칭은 심리 치유가 아니라는 측면에서 상담과 구별되고, 특정한 사안에 대한 해결책을 제시하지 않는다는 점에서 컨설팅과 구분된다. 코치는 코칭을 통해 다룰 수 있는 것이 무엇인지, 다루지 못하는 것이 무엇인지에 대해 분명하게 밝혀야 하고, 코칭의 내용이 특정한 전문 지식이 요구되는 내용일 때는 이를 분명하게 밝히고 그

분야의 전문가를 소개해야 한다. 이는 코치에게 요구되는 직업 윤리다.

셋째, 성실해야 한다.

성실하다는 건 무조건 열심히 하는 걸 의미하지 않는다. 목적에 맞는 올바른 행동을 열심히 할 때 이를 일컬어 성실하다고 한다. 코칭은 코치의 삶이 아니라 고객의 삶을 다루는 것이므로, 코치가 고객의 삶에 대해 이래라 저래라 해선 안 된다. 코치가 생각하는 코칭의 목표가 아니라, 고객이 생각하는 코칭의 목표를 이끌어 내고 이를 달성하기 위해 모든 노력을 집중하는 걸 일컬어 성실하다고 한다.

윤리적 실행을 보여 주는 것은 다음과 같이 하는 것이다.

- 코치의 성실성과 정직성을 보여 준다.
- 고객의 정체성, 환경, 경험, 가치 및 신념을 존중한다.
- 적절하고 존중을 담은 언어를 사용한다.
- 코칭을 통해 알게 된 내용은 비밀을 유지한다.
- 상담, 심리치료 및 기타 전문직종과 코칭이 다른 점을 분명하게 밝힌다.
- 필요한 경우 고객에게 다른 전문가를 소개한다.

이러한 직업 윤리기준을 지키는 것은 정당한 방법으로 생계를 유지하라는 팔정도의 정명에 해당한다. 올바른 방법으로 생계를 유지하는 것이 해탈과 열반으로 가는 길이라는 점에 대해선 의심의 여지가 없을 것이다. 그런데 코치의 직업 윤리기준을 지키는 것이 코칭에선 어떤 의미를 가지는가? 코치가 성실하고, 정직하며 비밀을 지키는 모습과 고객을 존중하는 모습, 자신이 할 수 있는 것과 할 수 없는 것을 분명하게 밝히는 모습은 고객에게 그대로 전해진다. 고객은 코치를 신뢰하게 되고, 코칭은 더 만족스러운 효과를 낼 수 있다. 만족스러운 코칭의 결과는 궁극적으로는 코치의 보람과 만족도를 높이고 코치의 삶의 질을 높여 준다.

코칭 마인드 셋을 체화한다, 정정진(正精進)

어린 원담 스님이 만공 스님에게 인사를 드렸다. 고개를 드는 순간 만공 스님이 주장자로 원담 스님의 머리를 때렸다.

"아야~~"

"아프냐?"

"스님께서 때리셨으니 당연히 아프지요~"

다시 한 번 주장자가 날아왔고 만공 스님이 또 물었다.

"어디가 아느냐?"

"머리가 아픕니다."

"그거 참 이상하구나~ 아프기는 머리가 아픈데 어째서 입이 소리를 지르는고?"

원담 스님이 그 말을 듣고 보니 이상했다. 원담 스님이 고개를 갸웃거리자 만공 스님이 말했다.

"매를 맞지도 않고 아프지도 않은 입을 시켜 소리를 내게 한 놈이 어떤 놈인지 생각해 보아라."

생각지도 못한 숙제를 받은 원담 스님은 군불을 지필 때도, 법당을 청소할 때도, 밥을 먹을 때도 자나 깨나 오직 그 생각뿐이었다. 그렇게 오롯이 생각을 집중하는 가운데 몇 달이 흘렀다. 무서운 집중력이었다. 그 광경을 지켜보던 만공 스님이 원담 스님을 불렀다.

"그놈을 알았느냐?"

"예. 알았습니다. 그놈은 마음입니다."

"그 마음이란 놈은 어디 있느냐?"

"그게~~ 분명히 있기는 한데 보이지도 않고 잡히지도 않는 것입니다."

만공스님이 너털웃음을 지으며 말했다.

"나이 먹은 나보다, 어린 네가 공부를 더 잘했구나!"

팔정도의 정정진은 올바른 노력을 하는 것이다. 지혜를 개발하고 유지하려는 노력을 끊임없이 하는 것이며, 해탈과 열반의 길을 향해 마음을 격려하여 매진하는 것이다. 불교에선 수행과 정진을 매우 중요한 덕목으로 여긴다. 그래서 삶 전체를 통해 수행하고 정진한다. 어쩌면 삶이 송두리째 수행이고 삶 자체가 정진일지도 모른다. '정진하세~ 정진하세~ 우리 함께 정진하세~ 용맹하게 정진하세~'라는 노래가 있을 정도다. 용맹정진은 일상의 삶 자체가 수행이 되는 삶을 사는 것이다.

언제 어디서나, 자신이 하고 있는 행동을 알아차리고, 자신의 느낌을 알아차리고, 자신의 마음의 일어남을 알아차리는 위빠사나 수행을 하는 분을 만난 적이 있다. 이분은 앉으나 서나, 자나 깨나, 하루 종일 자신을 알아차리려고 노력하면서 생활한다고 했다. 그야말로 용맹정진하는 삶을 살고 있는 듯했다. 그분은 항상 평온해 보였고, 평정심을 유지하고 있는 것처럼 보였다. 매우 부러웠다. 그 정도는 언감생심이지만, 나도 적어도 코칭을 하는 동안에는 평정심을 유지하고 집중하면서, 내 마음의 역동을 매 순간 알아차리려고 노력하고 있다. 그러나 제대로 된 코칭을 하기 위해선, 이런 노력에 선행하여 코칭에 대한 올바른 마음가짐을 가져야 한다. 이를 국제코치연맹에서는 '코칭 마인드 셋을 체화한다.'고 말한다. 코칭 마인드는 코칭에 대한 올바른 생각, 올바른 마음가짐, 올바른 패러다임이다. 이를 몸에 배게 하는 것이 코칭 마인드 셋을 체화하는 것이다. '체화한다'는 것은 몸에 배게 하는 것으로, 팔정도의 정정진에 해당한다. 다음과 같은 마음가짐이 코칭 마인드 셋(mind set)이다.

- 고객은 본질적으로 온전하고, 창의적이며, 스스로 답을 가지고 있다고 믿는다.
- 고객을 무한한 가능성의 존재로 존중하고, 고객의 탁월성을 신뢰한다.
- 존중·이해·공감·탁월성(존·이·공·탁)의 마음가짐으로 코칭에 임한다.

또한 코칭 마인드 셋을 '체화한다'는 건 다음 내용을 철저하게 이해하고 몸에 배도록 하는 것이다.

- 코치는 고객 없이 홀로 존재할 수 없고, 고객이 있음으로 해

서 비로소 존재할 수 있는 관계적 존재라는 걸 철저하게 이해한다.

- 코치의 생각이 옳다는 마음을 내려놓고, 고객이 언제나 옳다는 마음가짐을 가진다. 왜냐하면 코칭은 코치의 삶이 아니라 고객의 삶에 대해 다루기 때문이다.
- 고객의 성취를 원만하게 도울 수 있도록, 고객의 알아차림을 불러일으키는 능력을 지속적으로 개발한다.
- 고객이 자신을 발견하고 앞을 향해 나아갈 수 있도록, 고객의 마음을 알아주는 능력을 더욱 강화한다. 적극적 경청 능력이 이에 해당한다.
- 코치는 지속적으로 자신의 코칭에 대해 성찰하고 학습한다.

코치들은 역량을 강화하기 위해 여러 가지 노력을 한다. 다음은 나와 절친한 동료 코치가 자신의 코칭에 대해 성찰하는 방법이다.

'오늘 코칭에서 내가 잘한 것은 무엇인가?'

'오늘 코칭에서 스스로 아쉬운 점은 무엇인가?'

'나는 앞으로 어떤 점을 더 강화해야 하는가?'

'나는 어떤 점을 개선해야 하는가?'

동료 코치는 코칭을 하고 나서 고객의 이름과 코칭 시간, 코칭 주제 등과 함께 위의 내용을 기록하면서 자신의 코칭에 대해 성찰하고 있다고 한다.

매일 아침 명상을 하면서 자신이 했던 코칭을 떠올리고 자신의 코칭에 대해 성찰하는 코치도 있다. 이를 '고객에 대해 명상하기'라 부른다고 했다. 이러한 노력들이 코칭 역량을 향상시키기 위한 바른 노력이라 생각된다.

또한, 코칭 마인드 셋을 체화한다는 것은 개방적이고 호기심 많고 유연하며 고객 중심적인 사고방식을 개발하고 유지하는 것이다. 다음과 같은 방법으로 코칭 마인드 셋을 체화할 수 있다.

- 코치로서 지속적으로 학습하고 발전하도록 노력한다.
- 코칭이 향상되도록 끊임없이 성찰한다.
- 고객에게 열린 태도를 가진다.
- 감정 조절 능력을 개발하고 유지한다.
- 정신적으로도 감정적으로도 코칭 세션을 준비한다.

팔정도의 정정진은 삶 전체를 통해 수행을 실천하는 것이다. 코칭 핵심 역량의 '코칭 마인드 셋을 체화'하는 것도 언제 어디서나 올바른 지혜를 개발하고 유지하려고 노력하며, 마음을 격려하고 매진한다는 점에서 정정진과 맞닿아 있다. 마인드 셋 체화를 위해 정진하는 것이다.

합의를 도출하고 유지한다, 정견(正見)

팔정도의 정견은 바른 견해다. 정견은 사성제와 연기법(緣起法)을 올바르게 이해하는 것이다. 앞에서 살펴본 바와 같이, 사성제는 무엇이 괴로움인지, 괴로움의 원인은 무엇인지, 괴로움이 제거된 상태는 어떤 것인지, 괴로움을 제거하는 방법은 무엇인지에 대한 가르침이다. 그렇다면 연기법이란 무엇인가?

"스님, 연기법이 무엇인가요?"

"연기법이란 원인과 결과의 법칙, 인과의 법칙, 인연법 등으로 부르는데, 일체 만물의 존재 원리입니다."

"예? 일체 만물의 존재 원리라고요?"

"그렇습니다. 『아함경』에 '연기를 보는 자는 법을 보고, 법을 보는 자는 연기를 본다.'는 구절이 있습니다. 법을 본다는 것은 진리를 깨닫는 것으로, 연기법이 곧 진리라는 뜻입니다."

"연기법이 진리라는 말씀이군요."

"그렇습니다. 연기법의 원리는 다음과 같습니다."

- '이것이 있으므로 저것이 있고, 이것이 생기므로 저것이 생긴다. 이것이 없으면 저것도 없고, 이것이 사라지면 저것도 사라

진다.'는 존재 현상의 원리이다.

- 그러므로 독립적으로 존재할 수 있는 것은 없다. 모든 존재는 독립적으로 존재하는 게 아니라 서로 의존하여 생기고, 서로 의존하여 없어진다.
- 원인과 조건이 있으면 무엇이든 생겨날 수 있고, 원인과 조건 이 사라지면 존재 현상도 사라진다.
- 연기법의 핵심은, 모든 존재는 상호의존적이며, 독립적으로 존재하거나 고정불변하는 것은 없다는 것이다.

"스님, 연기법에 의하면, 어떤 원인이나 조건이 있기 전에는 그 어떤 것도 존재할 수 없다는 말로 들립니다."

"그렇습니다. 그게 바로 핵심입니다. 모든 존재는 원인과 조건 이 있기 전에는 비어 있는 상태였다가, 원인과 조건이 있어야 생기 기 때문에 모든 존재는 공(空)이라고 하는 것입니다. 공이란 비어 있 다는 뜻입니다."

"모든 존재가 비어 있다는 말은 비현실적인 것 같습니다."

"그렇습니다. 이 말도 잘 해석해야 합니다. 공이란 다음과 같은 의미를 가지고 있습니다."

- 그 자체로 고정된 실체는 없다. 흙으로 벽돌을 만들면 벽돌이 되고, 도자기를 만들면 도자기가 된다. 그러므로 원래부터 벽 돌의 성질이라든지 도자기의 성질이라는 건 존재하지 않는

다. 원래부터 고정되어 있는 성품은 없다는 걸 일컬어 공이라
한다.

• 원래 긴 것도 없고, 원래 짧은 것도 없다. 아무리 긴 막대도 더
긴 막대와 비교하면 짧은 막대가 되고, 아무리 짧은 막대도 더
짧은 막대와 비교하면 긴 막대가 된다. 막대에는 고정된 길고
짧음이 없다. 절대적으로 고정된 길이가 없다는 측면에서 막
대의 길이는 정해져 있지 않다. 이런 측면에서 막대의 길이는
비어 있다. 이를 일컬어 공(空)이라 한다. 개념의 공이다. 길고
짧다는 건 절대적 개념이 아니라 비교를 통해 존재하기 때문
이다.

"공이란 말은 무조건 텅 비어 있는 게 아니라, 고정불변하는 실
체가 없다는 뜻이군요."

"그렇습니다. 모든 것이 공하다는 말은, 변하지 않고 고정되어
있는 무언가가 있을 거라는 믿음에 대한 혁파입니다. 적극적으로
해석하면, 공이란 원인과 조건이 있으면 무엇이든 될 수 있는 가능
성입니다."

"공이 무엇이든 될 수 있는 가능성이라고요?"

"그렇습니다. 비어 있기에 무엇이든 될 수 있는 거지요. '진공묘
유(眞空妙有)'라는 말이 있습니다. 참다운 공은 텅 비어 있는 게 아니
라, 묘하게 존재한다는 뜻입니다. 비어 있기 때문에 채울 수 있다는
뜻이지요."

"스님, 진공묘유라는 말이 멋있습니다."

"그러나 그 말에도 너무 얽매이지 말기 바랍니다. 공이란 변하지 않고 고정되어 있는 실체가 있다고 집착하는 것에 대한 처방 정도로 생각하기 바랍니다. 공이란 말에 너무 집착하면 심각한 문제가 생길 수 있습니다. 지우개로 낙서를 지울 때, 낙서 자국을 지우는 게 목적이지, 지우개 자국을 남기는 게 목적이 아닌 것처럼, 공을 이해하되 공의 자국을 남기지 않기 바랍니다."

"공의 자국을 남기지 마라……. 스님, 명심하겠습니다."

공에 대한 잘못된 생각에 사로잡혀 오랫동안 고생했던 친구가 있다. 이 친구는 뭔가 열심히 노력해야 하는 상황에서도 '어차피 공인데.'라고 하면서 해야 할 노력을 게을리 했고, 가족들과의 관계에서 요구되는 역할에 대해서도 '어차피 공인데.' 하면서 이를 등한시했다. 친구는 거의 대부분의 상황에서 '어차피 공인데.'라고 중얼거리면서 해야 할 역할을 방치했다. 이를 일컬어 악취공(惡取空)에 빠졌다고 한다. 친구는 한참 후에, 공이란 모든 것이 비어 있고 없다는 개념이 아니라, 고정되어 있어서 변하지 않는 것은 없다는 뜻이라는 걸 알고 나서 비로소 악취공에서 벗어날 수 있었다. 공은 실재가 아니라 개념이라는 것을 알게 된 것이다.

정견은 사성제와 연기법을 정확하게 이해하는 것이다. 이를 코칭에 적용하면 다음과 같다.

- 사성제 : 고·집·멸·도의 사성제의 구조를 이해하는 것처럼, 코칭의 원리와 구조를 정확하게 이해하는 것.
- 연기법 : 코치는 홀로 존재하는 게 아니라, 고객이 있을 때 비로소 존재할 수 있는 상호의존적인 존재임을 아는 것.

그러므로 코칭의 원리와 프로세스를 정확하게 이해하고, 코칭 관계를 깨닫는 것이 코칭의 정견이라 할 수 있다.

코칭은 개인과 조직의 잠재력을 극대화하여 최상의 가치를 실현할 수 있도록 돕는 수평적 파트너십이다. 고객의 가능성을 극대화하고 최상의 가치를 실현하는 과정이라는 점에서 코칭은 다음과 같은 엄격한 잣대를 가지고 있다.

- 코치가 다루고 싶은 주제가 아니라, 고객이 원하는 주제를 다루어야 한다.
- 코치가 생각하는 성취가 아니라, 고객이 생각하는 성취를 이루어야 한다.
- 고객은 언제나 옳다. 왜냐하면, 코치의 삶이 아니라 고객의 삶을 다루기 때문이다.

코칭의 원리와 정의에 따르면, 코치 마음대로 고객을 끌고 다니는 게 아니라, 어떤 주제를 다룰 것인지, 어떤 결과를 얻고 싶은지 등에 대해 고객과 합의해야 한다. 코칭의 정견이다. 다음과 같이 코칭을 합의한다.

- 코칭 주제는 코치가 정하는 게 아니라 고객이 정한다.
- 코칭에서 얻고자 하는 것을 정의하거나 재확인한다.
- 코칭에서 얻고자 하는 것을 달성하기 위해, 무엇을 다룰 것인지를 확인한다.
- 성공을 어떻게 측정할 것인지 정의하거나 재확인한다.

코칭 합의하기는 코칭의 원리에 따라 코칭을 진행하는, 코칭 프로세스의 첫 단계이다. '코칭 합의하기'의 의미를 정확하게 이해하고 있으면 코칭을 진행하기 훨씬 수월해진다. 간혹 고객이 어려운 주제를 가지고 온다고 당황하는 코치들이 있는데 이는 코칭 합의를 제대로 이해하지 못한 까닭이다.

다음 대화를 살펴보자.

코치 : 오늘 어떤 이야기를 해 볼까요?
고객 : 제가 암이 걸렸는데, 어떻게 해야 할지 모르겠어요~

    (이때 코치는 당황할 수 있다. 고객에게 대한 연민의 마음도 생기고, 어떻게 해야 도와줄 수 있을지도 모르겠고, 그저 막막할 수 있다. 이럴 때 코칭 합의하기가 빛을 발휘한다.)

코치 : 많이 힘드실 텐데, 이런 이야기를 나누어 주셔서 감사합니다.

그러면, 오늘 코칭을 통해서 어떤 걸 얻고 싶은가요?

고객 : 제가 암을 치료하는 나름의 방법을 생각해 본 게 있는데, 그
방법이 합리적일지 코치님의 생각을 듣고 싶습니다.

코치 : 고객님이 생각하는 치료 방법이 합리적인지 저의 생각을 듣
는 게 오늘 코칭의 주제인가요?

고객 : 예. 그렇습니다.

고객이 암에 걸렸다는 말을 했을 때 코치는 당황할 수도 있다.
어떤 해결책을 줄 수 있는지 고민이 됐을 것이다. 그러나 고객은 코
치에게 해결책을 원한 게 아니었다. 그냥 자신의 생각을 털어놓고
그에 대한 코치의 생각을 듣는 게 고객이 원하는 코칭의 주제였다.
엄밀하게 말하면, 코치는 어떤 해결책도 줄 수 없다. 그러므로 코치
는 어떤 경우에도 고객이 가져오는 주제에 대해 어렵다고 느낄 필
요가 없다. 그저 코칭을 통해 얻고 싶은 게 무엇인지 합의하기만 하
면 된다. 코치의 해결책은 고객에겐 해결책이 될 수 없을 뿐만 아니
라, 고객은 스스로 답을 가지고 있기 때문이다. 위 대화의 경우엔 '오
늘 코칭을 통해 얻고 싶은 게 무엇인지'를 확인하는 방법으로 코칭
합의를 이끌어 냈다.

다음 대화를 살펴보자.

코치 : 오늘 어떤 이야기를 해 볼까요?

고객 : 글쎄요~ 요즘 사는 게 재미없고 무료해서 특별히 다루고 싶은 주제가 생각나질 않네요~

(이런 경우에도 코치는 당황할 필요가 없다. 고객의 삶이 재미없고 무료한 게 코치의 책임이 아니듯이, 코칭을 통해 뭔가를 달성하는 것도 코치의 책임이 아니다. 코칭은 고객과 코치가 함께 이루어 내는 상호작용이기 때문이다.)

코치 : 오늘 코칭이 끝났을 때 무엇을 얻고 싶으세요?

고객 : 특별하게 얻고 싶은 게 없네요.

코치 : (웃으면서) 그러면 이것으로 코칭을 마무리 할까요?

고객 : (당황해 하며) 아닙니다. 그냥 코치님께 요즘 제가 사는 모습을 속 시원하게 털어놓고 위로를 좀 받고 싶습니다.

코치 : 그렇다면, 고객님의 사는 모습을 속 시원하게 털어놓고 위로를 받는 게 오늘 코칭의 주제인가요?

고객 : 예. 그렇습니다.

코치 : 오늘 코칭이 마쳤을 때 어떤 모습이 되고 싶으세요.

고객 : 다 털어놓고 나니까 속 시원하다. 코치님에게 공감을 받으니까 위로가 됐다고 느끼고 싶습니다.

위의 대화에서 보듯이 코치가 뭔가를 해결해 주는 게 아니라, 고객이 원하는 걸 이끌어 내고 분명하게 정리하는 걸 코칭 합의하기라 한다. 만약 코칭 합의하기를 제대로 하지 못하면, 무엇을 어떻게 다루어야 할지 몰라 코칭 대화가 널뛰기를 할지도 모른다. 사는 게 무료하고 심심하다는 게 코치가 생각하는 무료하고 심심하다는 의미와 다를 수도 있다. 그러므로 코치가 고객의 말을 자의적으로 해석해서, 코치가 생각하는 방향으로 고객을 끌고 가서는 안 된다. 이 경우 최악의 진행은 다음과 같이 코치가 직접 해결해 주려고 애를 쓰는 것이다.

코치 : 사는 게 재미없고, 무료한 이유가 무엇인가요? 요즘 어떻게 지내고 있으신데요?

고객 : …….

코치 : 재미없고 무료하다는 건 어떤 건가요?

고객 : …….

코치 : 재미없고 무료한 것에서 벗어나려면 어떻게 해야 할까요? 지금까지 어떤 노력을 하셨는지요?

고객 : …….

코치가 생각하는 답을 이끌어 내려고 애쓰지 말고, 고객이 코칭을 통해 얻고 싶은 게 무엇인지를 명확하게 정리하는 게 우선이다. 코치가 생각하는 코칭의 주제와 고객이 생각하는 코칭의 주제가 다르다면 그 코칭은 목적을 달성했다고 말하기 어렵다. 그러므로 코칭 합의하기의 중요성은 아무리 강조해도 지나치지 않다. 코칭을 합의하는 방법은 다음과 같다.

- 고객과 함께 전반적인 코칭 계획과 목표를 수립한다.

- 고객이 코칭에서 얻고자 하는 것을 달성하기 위해, 다룰 것이나 해결하려고 하는 게 무엇인지 규정한다.
- 성공한 코칭의 모습이 어떤 것인지 확인한다.
- 코칭이 성공했다는 걸 어떻게 측정할 것인지 정의한다.

코칭 합의하기는 코칭에서 매우 중요한 절차이다. 이 과정에서 고객은 미처 깨닫지 못하고 있었던, 자신의 내면에서 진짜로 원하는 게 무엇인지 발견하기도 한다.

다음 대화를 살펴보자.

코치 : 오늘 어떤 이야기를 해 볼까요?

고객 : 어떻게 하면 갈등 관리를 잘할 수 있는지 방법을 알고 싶습니다.

코치 : 조금 자세하게 말해 주세요.

고객 : 요즘 동료들과 일하면서 갈등을 많이 겪고 있습니다. 각자 의도는 좋은데 실제 주고받는 말은 서로에게 상처를 주고 있습니다. 어떻게 하면 서로 상처를 주는 말을 하지 않을 수 있는지에 대해 알고 싶습니다.

코치 : 오늘 코칭이 끝났을 때 어떤 걸 얻고 싶으세요?

고객 : 제가 어떤 경우에 상처 주는 말을 하는지, 어떻게 하면 상처를 주지 않을 수 있는지에 대해 알고 싶습니다.

코치 : 조금 전에는 갈등 관리를 잘하는 방법을 알고 싶다고 했는데,

지금은 고객님이 어떤 경우에 상처 주는 말을 하는지, 어떻게 하면 상처 주는 말을 하지 않을 수 있는지에 대해 알고 싶다고 하시는군요.

고객 : 그러네요. 사실, 상대방을 제가 어떻게 할 수 없는 노릇이지요. 제가 생각하는 갈등 관리는 결국, 제가 상처 주는 말을 하지 않는 것이라 할 수 있겠네요.

코치 : 어떻게 하면 상처 주는 말을 하지 않을 수 있는지에 대해 이야기해 보고 싶다는 말씀이군요.

고객 : 예. 그러네요.

코치 : 고객님은 남에게 상처 주는 말을 하고 싶지 않은 분이시군요.

고객 : (놀란 표정을 지으면서) 아~ 그러네요.

그 뒤로 계속 대화가 이어졌다. 이 고객은 자신이 무엇을 중요하게 생각하는지, 자신이 진짜로 원하는 게 무엇인지 알게 됐다고 했다.

코칭 합의하기에서 또 중요하게 다루어야 할 게 있다. 고객이 원하는 것을 이루었을 때, 그게 고객에게 어떤 의미가 있는지 확인하는 것이다. 코치들끼리 '고객의 말에 속지 마라. 고객의 말을 쫓아가지 마라.'는 말을 한다. 고객이 말하는 것을 피상적으로 따라가지 말고, 고객이 진짜로 원하는 걸 알아차리라는 거다. 문제 그 자체에 매몰되지 말고, 문제를 꺼낸 그 사람을 보라는 뜻이다.

다음 대화를 살펴보자.

코치 : 어떤 이야기를 해 볼까요?
고객 : 어떻게 하면 시간 관리를 잘할 수 있는지 방법을 알고 싶습니다.
코치 : 지금은 어떻게 시간 관리를 하고 있나요? 어떻게 잘하고 싶으세요?

이게 바로 문제를 쫓아가는 것이다. 사람을 보지 않고, 문제 해결에 급급한 상태다.

다음은 고객의 진짜 욕구를 알아차리는 대화다.

코치 : 어떤 이야기를 해 볼까요?
고객 : 어떻게 하면 시간 관리를 잘할 수 있는지 방법을 알고 싶습니다.
코치 : 시간 관리를 잘한다는 건 고객님에게 어떤 의미인가요?
고객 : 스케줄에 쫓기지 않고, 제 삶을 제가 원하는 방향으로 컨트롤할 수 있는 거지요.
코치 : 자신의 삶을 스스로 컨트롤하고 싶은 거군요.
고객 : 그러네요…….
코치 : 고객님이 원하는 게 이루어진 모습을 은유나 이미지로 표현해 보시겠어요?
고객 : 자유롭게 하늘을 날고 있는 새의 모습이 떠오릅니다.

코치 : 지금 기분이 어떠세요?

고객 : 하늘을 날아갈 것 같은 기분입니다.

코치 : 고객님이 원하는 대로 시간 관리를 잘하게 되면 고객님의 삶
   이 어떻게 달라질까요?

코칭 합의하기 단계에서는 고객의 말을 피상적으로 쫓아가는 게 아니라, 고객이 진짜로 원하는 게 무엇인지 확인하고, 그게 어떤 의미가 있는지, 그걸 이루게 되면 무엇이 좋아지는지 등을 확인하고 정리하는 것이 필수적으로 요구된다. 그리고 코칭 합의하기 과정에서 또 기억해야 할 게 있다. 코치와 고객은 수직적인 관계가 아니라, 서로 협업하는 수평적 파트너 관계라는 것이다. 코치가 잘나서 뭔가를 가르쳐 주는 게 아니라, 서로 협업하는 것이다. 그러므로 코치는 자기 관리를 해야 한다. 코치 자신의 생각이 옳다는 주장을 내려놓고 조언하거나 충고하지 않으려고 노력하는 것이 코치의 자기 관리다.

- **코칭 관계** : 코치와 고객은 수직적 관계가 아니라, 서로 협업하는 파트너 관계이다. 코치와 고객은 상호 의존함으로서 비로소 존재할 수 있는 연기적 존재이다.
- **코치의 자기 관리** : 코치 자신의 의견, 경험 등을 내려놓고 일방적으로 조언하거나 충고하지 않으려고 노력하는 것.

코칭 합의하기는 코칭의 정의와 원리를 기반으로 진행되는 코칭 프로세스의 첫 단계이다. 이 과정에서 코치는 코칭 관계의 의미를 정확하게 이해하고, 자기 관리를 철저하게 해야 한다.

팔정도의 정견과 코칭을 합의하고 유지하는 것이 어떻게 연결되는지 정리해 보자. 정견은 사성제와 연기법에 대해 올바른 견해를 갖는 것이다. 이 견해를 바탕으로 팔정도의 다른 노력들이 더해져서 해탈과 열반의 길로 가는 것이다. 정견이 바탕이 되지 않은 어떠한 노력도 물거품이 되고 만다. 코칭도 마찬가지다. 코칭의 구조와 원리를 이해하지 못하고, 코칭 관계에 대한 올바른 견해를 가지지 못하면, 제대로 된 코칭 합의를 도출하고 유지할 수 없다. 제대로 된 코칭 합의 없이 진행되는 어떤 코칭도 올바른 코칭이라 할 수 없다. 정견이 없는 노력이 올바른 노력이 아니듯이, 코칭 합의 없는 코칭도 올바른 코칭이 아니다. 정견이 팔정도의 다른 노력들의 전제조건이고 기반이 되듯이, 코칭 합의도 코칭의 다른 노력들의 전제조건이고 기반이 되고 있다는 점에서 연결된다.

신뢰와 안전감을 조성한다, 정사유(正思惟)

살을 에는 어느 겨울 저녁이었다. 경허 스님이 머무르고 있는 천장사에 문둥병에 걸린 여인이 구걸하러 왔다. 여인의 얼굴은 피고름투성이였다. 악취가 진동했다. 부엌에서 일하던 사람이 소릴 질렀다.

"어서 꺼져!"

그러나 생살을 짓이기는 추위와 배고픔으로 생사의 갈림길에서 있던 여인은 부엌문을 움켜쥐고 물러서지 않았다. 부엌에서 일하던 사람이 더 큰소리를 질렀다.

"안 가면 죽여!"

여인은 신음 소리를 냈다.

"으으!"

이 광경을 멀리서 지켜보고 있던 경허 스님이 조용히 손짓했다. 그러나 그 여인은 경허 스님이 자신을 부른다고 생각하지 못했다. 그 상황에서 자신에게 따뜻한 손길을 내밀 사람은 없었기 때문이다. 만약 그런 사람이 있다면 미친 사람일 것이다. 경허 스님의 눈빛을 본 여인은 황급히 달려갔다. 지금까지 만났던 사람들의 눈빛이 아니었다. 경허 스님은 피고름으로 범벅이 된 여인을 자기 방으로 데려갔다. 같이 밥을 먹고 같은 방에서 잠을 잤다. 여인에게 꿈같은 세월이 흘렀다. 대중들이 이 사실을 알고는 여인을 내쫓으라고 경허 스님에게 으름장을 놓았다. 그즈음 경허 스님의 손발에도 염증이 생기고 몸 전체가 병들어 가고 있었다.

여인이 말했다.

"스님, 이 은혜는 저세상에 가서도 잊지 않겠습니다."

그 여인이 남기고 간 피부병은 경허 스님이 눈을 감는 날까지 스님을 떠나지 않았다.

팔정도의 정사유는 바른 생각을 하는 것이다. 정사유는 온화하고 청정하고 자비로운 생각이다. 불교에서는 정사유의 실천 방법으로 사무량심(四無量心)을 제시한다.

사무량심이란 중생에게 즐거움을 주고, 괴로움을 없애 주기 위한, 한량없이 큰 자(慈)·비(悲)·희(喜)·사(捨)의 네 가지 마음이다. 자애, 연민, 더불어 기뻐하는 마음, 평등하게 보는 마음이다.

사무량심이 코칭에서 어떤 의미가 있는지 살펴보자. 코칭에서 고객은 자신의 삶에 대해 자세하게 털어놓게 된다. 슬픈 일도 있고, 기쁜 일도 있으며, 화나는 일도 있다. 때로는 남에게 말하기 어려운 내밀한 이야기도 있다. 코칭을 마치면서 고객들이 다음과 같이 말하는 경우가 자주 있다.

"오늘 제가 말을 너무 많이 했네요. 제가 원래 말이 많은 사람이 아닌데……신기합니다."

"그동안 아무에게도 하지 못했던 말을 오늘 많이 한 것 같습니다. 아내에게도 하지 못했던 말이고, 친구와 동료들에게도 한 번도 해 보지 못했던 말인데, 신기하게도 코치님에겐 모든 걸 말했네요."

"오늘 대화를 하면서 제가 존중받고 있다는 느낌이 들었습니다. 그래서인지 용기를 내어 내면에 있는 이야기를 솔직하게 털어 놓을 수 있었던 것 같습니다."

비밀 이야기를 하게 만드는 게 코칭의 목적은 아니지만, 고객이 안전하다고 느꼈기 때문에 자신의 속마음을 털어놓는 것이다. 고객은 어떤 말을 해도 안전하다는 생각이 들 때 비로소 속마음을 말하게 된다. 그 과정에서 고객은 자신이 진짜로 원하는 게 무엇인지 발견할 수 있게 된다. 불안한 마음이 들지 않고, 편안하게 느끼며, 코치를 믿는 마음이 들게 하는 게 신뢰와 안전감을 조성하는 것이다. 이게 바로 코치에게 사무량심이 요구되는 이유이다. 사무량심을 다음과 같이 코칭에 적용할 수 있다.

- 고객을 존중하고 고객을 사랑하겠다는 자애의 마음으로(慈)
- 고객의 슬픔을 함께하겠다는 연민의 마음으로(悲)
- 고객의 기쁜 일을 함께 기뻐하겠다는 마음으로(喜)
- 고객과 수평적인 파트너 관계를 유지하는 것(捨)

코치는 사무량심을 통해 고객에게 안전한 코칭 공간을 제공할 수 있다. 다음과 같이 노력한다.

- 고객의 정체성, 환경, 경험, 가치 및 신념 등 고객을 이해하려고 노력한다.
- 고객의 정체성, 인식, 스타일 및 언어를 존중하며 고객에 맞추어 코칭한다.
- 코칭을 하는 과정에서 고객 고유의 재능, 통찰 및 노력을 인정하고 존중한다.
- 고객에 대한 지지, 공감 및 관심을 보여 준다.
- 고객의 감정 표현, 인식, 관심사, 신념 및 의견을 인정하고 지지한다.
- 고객이 취약한 부분도 드러낼 수 있도록 개방적이고 투명한 모습을 보여 준다.

절에서는 여자 신도를 보살이라 부른다. 보살은 '보리살타'의 줄임말로 깨달음을 향해 나아가는 존재 또는 깨달음을 이룬 존재를 일컫는 말이다. 보살은 자신이 깨달음을 얻는 것에서 더 나아가 중생들도 함께 열반을 이루도록 돕는 걸 목표로 한다. 그런 측면에서 보살의 대표적 정신은 위로는 깨달음을 구하고, 아래로는 중생을 교화하는 '상구보리 하화중생(上求菩提 下化衆生)'이다.

깨달은 존재로서의 보살은 우리가 익히 알고 있는 관세음보살, 문수보살, 보현보살 등이다. 이들은 이미 깨달음을 이룬 후에도 각자의 방식으로 중생을 구제하고 있다. 관세음보살은 모든 중생들의 괴로움을 듣고 모든 중생들을 구제하겠다는 대자비의 원력을 가지고 있고, 보현보살은 자비를 실천하는 상징이며, 문수보살은 지혜의 상징이다. 지장보살은 지옥에서 고통받고 있는 모든 중생을 구제할 때까지 자신은 부처가 되지 않겠다는 큰 서원을 가진 보살이다.

반면, 깨달음을 추구하는 존재로서의 보살은 자신을 위하는 동시에 남을 이롭게 하는 자리이타의 정신으로, 위로는 깨달음을 구하고 아래로는 중생을 교화하는 노력을 한다. 이런 점에서 코치와 보살이 닮았다는 생각이 든다. 코치들도 고객의 성공을 도우면서 동시에 코치 자신의 성장과 발전을 추구하기 때문이다.

보살은 깨달음을 위해 바라밀을 실천한다. 바라밀은 '이 언덕에서 저 언덕으로 건너간다.'는 뜻이다. 지금 현재 상태에서 깨달음의 상태로 나아가기 위해 육바라밀(六波羅密)을 실천한다. 육바라밀은 다음과 같다.

- **보시바라밀**(布施波羅蜜) : 보시는 베푸는 것이다. 재물을 베푸는 재시, 진리를 베푸는 법시, 두려움을 없애 주는 무외시가 있다.
- **지계바라밀**(持戒波羅蜜) : 지계는 계율을 지키는 것이다. 계율을 지키며 선을 행하고 사람들을 이롭게 한다.
- **인욕바라밀**(忍辱波羅蜜) : 인욕은 참고 견디는 것이다. 비위에 거슬리는 일, 화나는 일, 모욕을 당했을 때 등을 참고 견디는 것이다.

- **정진바라밀**(精進波羅蜜) : 정진은 부지런하고 꾸준하게 노력하는 것이다. 진리를 배우고 실천하는 것이다.
- **선정바라밀**(禪定波羅蜜) : 선정은 마음을 고요하게 유지하는 것이다. 이를 위해 각종 수행을 한다.
- **반야바라밀**(般若波羅蜜) : 반야는 지혜를 말한다. 궁극의 지혜를 얻는 것이다.

보살은 이 여섯 가지 바라밀의 실천을 통해 깨달음으로 나아간다. 이는 코치가 성품과 역량을 향상시키는 방식과 매우 닮아 있다. 그중에서 보시바라밀은 지금 살펴보고 있는 신뢰와 안전감 조성하기에 직접적으로 연결된다. 보시는 무언가를 베푸는 것이다. 재물을 베풀기도 하고, 진리를 베풀기도 하며, 두려움에서 벗어나서 마음이 편안하게 해 주는 무외시를 베풀기도 한다. 이런 보시에 더불어 재물 없이도 베풀 수 있는 무재칠시(無財七施)가 있다. 무재칠시는 다음과 같다.

- **화안시**(和顏施) : 부드럽고 정다운 얼굴로 상대방을 대하는 것
- **언사시**(言辭施) : 칭찬하는 말, 위로하는 말, 양보하는 말, 부드러운 말 등을 하는 것
- **심시**(心施) : 자비로운 마음으로 상대방을 대하는 것
- **안시**(眼施) : 부드럽고 편안한 눈빛으로 상대방을 대하는 것
- **신시**(身施) : 짐을 들어 준다거나, 예의 바르게 인사하는 것 등

몸으로서 남을 돕는 것

- **상좌시**(床座施) : 상대방과 노약자 등에게 자리를 양보하는 것
- **찰시**(察施) : 묻지 않고도 상대방의 마음을 헤아려 주는 것

무재칠시는 코치가 체화하고 실천해야 할 매우 중요한 덕목이다. 코치는 무재칠시를 통해 신뢰와 안전감을 조성할 수 있다. 지금까지 살펴본 신뢰와 안전감 조성하기는 다음과 같이 팔정도의 정사유와 연결된다.

- 정사유는 바른 생각으로 자·비·희·사의 사무량심을 실천하는 것이다.
- 코치가 사무량심을 실천하면 코칭에서 신뢰와 안전감이 조성된다.
- 보살은 육바라밀을 실천한다. 육바라밀 중에서 무재칠시를 코치가 실천하면 안전한 코칭 공간이 만들어진다.

프레즌스를 유지한다, 정념(正念)

시냇가에서 어떤 처녀가 물을 건너지 못해 발을 동동 구르고 있었다. 마침 경허 스님과 제자가 그곳을 지나게 되었다. 처녀는 부끄러움을 무릅쓰고 젊은 제자에게 도움을 청했다. 그러자 제자는 정색을 하며 말했다.

"우리 불가에서는 여자를 가까이하면 파계했다고 쫓겨나는데 어찌 저에게 그런 무리한 요구를 합니까?"

난처해진 처녀는 경허 스님에게 도움을 요청했다. 경허 스님은 선뜻 처녀를 업고 건너편에 내려 준 뒤 계속해서 길을 갔다. 이를 지켜보던 제자는 온갖 의심이 들었다.

'혹시, 땡중이 아닐까?' 제자가 따졌다.

"스님, 수행하는 스님이 어찌 젊은 여자를 업을 수가 있습니까?"

경허 스님이 웃으면서 말했다.

"예끼 이놈! 나는 그 처녀를 벌써 내려놓았는데, 너는 아직도 업고 있느냐?"

팔정도의 정념은 올바른 마음챙김을 하는 것이다. 매 순간에 깨어 있고 삼매를 유지하는 것이다. 코칭에서는 코치가 코칭에 온전히 집중하고 깨어 있는 상태를 코칭 프레즌스(presence)라 하는데, 이는 팔정도의 정념에서 매 순간 깨어서 알아차린다는 것과 같은 개념이다. 프레즌스는 온전히 깨어 있으며, 개방적이고 유연하며 자신감 있게 코칭하는 것이다. 코치는 다음과 같이 프레즌스를 유지한다.

- 고객에게 집중하고 관찰하며, 공감하고 반응하는 상태를 유지한다.
- 고객과 함께 머무르기 위해, 코치 자신의 감정을 관리한다.
- 모르는 영역을 다룰 때도 편안한 마음 상태를 유지한다.
- 침묵, 일시 정지, 성찰을 할 수 있는 공간을 만들거나 허용한다.

코칭 프레즌스는 코칭을 하는 내내 깨어 있는 상태로 마음챙김을 하면서 코칭을 하는 것이다. 마음챙김을 하면서 코칭하는 것의 효과는 다음과 같다.

- 대화가 물 흐르듯이 자연스럽게 진행된다.
- 코치는 판단하지 않으면서 개방적이고 수용적이 된다.
- 고객을 위한 충분한 공간이 만들어진다.
- 코치의 존재가 고객에게 전달되며 고객은 직관적으로 코치

의 에너지를 느낀다.

- 고객은 평화로움을 느끼고 마음이 풀리면서 코치를 더욱 신뢰하게 된다.
- 고객은 생각이 더욱 명료해지고 더 깊고 심오한 통찰을 얻을 수 있다.

코치가 깨어 있는 상태로 마음챙김을 잘하기 위해선 특별한 노력이 필요하다. 이를 위해 많은 코치들이 명상을 한다. 나는 2002년에 '수선회'에서 참선하는 방법을 배우고, 2006년에 해인사에서도 참선을 배웠다. 재가자는 하루에 15분 정도 참선을 하면 족하다는 주위의 말을 듣고, 오랫동안 매일 15분씩 참선을 했다. 그런데 효과는 미미했다. 그날 하루 동안 마음의 차분함을 얻는 정도였다. 그러다가 몇 년 전에 송담 스님의 법문을 듣고 깜짝 놀랐다. 재가자라 하더라도 하루 15분 참선은 부족하다. 그냥 가난한 마음을 면할 정도이지, 화두 참구는 어불성설이라고 했다. 송담 스님은 아무리 재가자라 하더라도 매일 저녁 잠들기 전에 한 시간, 아침에 잠에서 깨자마자 한 시간, 도합 하루 두 시간은 참선을 해야 하루 종일 화두가 성성해진다고 법문했다. 이 법문을 듣고 나는 매일 아침 한 시간씩 참선을 하고 있다. 참선 시간을 늘리면서 마음챙김의 힘이 점점 강해지는 것 같다. 코칭을 하면서 마음챙김을 유지할 정도가 되는 것 같다. 예전에 나의 코칭은 프레즌스 상태가 아니었다.

프레즌스 상태가 아닌 것은 다음과 같다.

- 코칭 중간에 마음이 다른 곳으로 분산된다.
- 다음에 무엇을 물어야 할지 생각한다.
- 코칭이 잘 진행되지 않고 있다고 걱정한다.
- 코칭이 잘 진행되고 있다고 좋아한다.
- 코칭과 관련 없는 것에 대해 생각한다.

프레즌스 상태는 다음과 같다.

- 코치의 에고를 내려놓은 상태
- 고객의 의제에 온전하게 집중하고 있는 상태
- 고객과 상호 연결되어 있는 상태
- 깊은 경청을 하고 있는 상태
- 현재의 모든 것에 열려 있는 개방의 상태
- 수용과 지지로 결합된 따뜻함의 상태

코칭에서는 '고객과 함께 순간을 춤추라(dance in the moment).'라고 한다. 이때의 순간은 변화의 순간이다. 고객에게 일어나는 모든 변화를 알아차리고 그 순간을 함께하라는 뜻이다. 그 순간을 포착해서 다룰 수 있어야 고객이 진짜로 원하는 게 무엇인지 알 수 있다. 다음은 변화의 순간을 알아차리는 예시다.

'지금 얼굴이 붉어지신 것 같네요.'

'부끄럽다는 표현을 여러 번 하시는군요.'

'목소리가 떨리는 것 같군요.'

'지금 손동작을 크게 하시는군요.'

'목소리에서 생동감이 느껴지는군요.'

코치의 마음이 산란하면 고객에게 일어나는 변화의 순간을 제대로 알아차리기 어렵다. 이게 바로 코치에게 집중력이 요구되는 이유다. 집중력을 향상시키기 위해 마음챙김 훈련을 하는 코치들이 많이 있다. 마음챙김은 불교의 수행 방법인 위빠사나에서 비롯되었다. 위빠사나는 다음과 같이 자신에게 일어나는 모든 현상을 통찰하는 수행이다.

'숨을 들이쉬면서 들이쉬는 것을 알아차리고, 숨을 내쉬면서 내쉬는 것을 알아차린다.'

'앉으면서 앉는 것을 알아차리고, 일어서면서 일어서는 것을 알아차린다.'

'양치질을 하면서 양치질을 하는 것을 알아차리고, 물을 마시면서 물을 마시는 것을 알아차린다. 밥을 먹으면서 밥을 먹는 것을 알아차린다.'

'걸음을 걸으면서 걷는 것을 알아차린다. 왼발을 내디디며 왼발을 알아차리고, 오른발을 내디디며 오른발을 알아차린다.'

'고통스러운 느낌이 들면 고통스러운 느낌을 알아차리고, 즐거운 느낌이 들면 즐거운 느낌을 알아차린다.'

어떤 것이든 알아차린다. 알아차리지 못하면 그 느낌들에 빠져서 헤어나지 못하지만, 알아차리면 그 느낌들은 곧 사라진다. 그래서 '보면 사라진다.'고 말한다. 이런 훈련을 계속하면 집중력이 강해지고, 어떤 현상에 대해서도 휩쓸리지 않고 마음의 평화를 누릴 수 있다.

'지금 내가 기뻐하고 있구나.'

'지금 내가 화를 내고 있구나.'

'내 목소리가 크구나.'

'내 목소리가 떨리는구나.'

'내가 섭섭해 하고 있구나.'

'내가 잘난 체하고 싶어 하는구나.'

마치 제3자가 나를 바라보는 것처럼, 자신을 있는 그대로 바라볼 수 있게 된다.

나는 참선을 시작하면서 치사한 내 모습을 직면하게 됐다. 조그만 일에도 호들갑을 떨고, 서운해하고, 욕심을 부리고, 짜증을 내고, 잘난 체하고 싶어 하는 마음들을 적나라하게 만났다. 그래서 주변에서 명상하는 방법을 알려달라고 할 때, 치사한 자기를 있는 그대로 직면할 각오가 있는지 묻곤 했다. 신기했다. 처음엔 치사한 나를 만났는데, 판단하지 않고 있는 그대로 보는 연습을 계속하니까 제법 괜찮은 내 모습도 만날 수 있었다. 참선은 망상에서 벗어나서 자신의 참된 성품을 있는 그대로 바라보는 거라는 말을 어느 정도 이해할 수 있게 됐다.

집중력이 강해지면 주위의 현상에 대해서도 깨어 있게 된다. 어떤 일이 일어나도 있는 그대로 보고 집착하지 않기에 자유로워진다. 수식관(數息觀)을 하는 것도 집중력을 강화하는 좋은 훈련이다. 수식관은 자신의 호흡을 관찰하면서 호흡을 세는 것이다.

'숨을 들이쉬면서 들이쉬는 것을 알아차리고, 숨을 내쉬면서 내쉬는 것을 알아차린다. 들이쉬고 내쉬는 것을 알아차리면서 하나를 세고, 들이쉬고 내쉬는 것을 알아차리면서 둘을 센다. 그렇게 열까지 세고, 또다시 하나부터 열까지 세는 것을 반복한다. 도중에 다른 생각이 떠오르면 억지로 생각을 피하거나 쫓아가지도 않고, 다만 생각이 올라오는 것을 알아차리면서 생각이 지나가도록 내버려 둔다. 생각이 사라지면 다시 호흡으로 돌아와서 호흡을 알아차린다.'

수식관을 계속하면 집중력이 강해지고 마음이 안정된다. 자기가 무슨 생각을 하고 있는지 알게 되고, 옆에서 무슨 일이 일어나는지도 알아차릴 수 있다. 마음챙김이 잘 된다.

마음챙김의 상태는 다음과 같다.

- 지금 이 순간에 일어나는 것을 인지하고 의식한다.
- 지금 이 순간에 일어나는 몸의 감각, 생각, 감정을 알아차린다.
- 지금 이 순간에 의식이 집중되어 있다.

- 판단하지 않고 있는 그대로 보는 관찰자의 마음이다.
- 현재에 머물고 타인을 받아들이고 공감한다.
- 자신을 알아차리는(awareness) 상태이다.

코칭을 하는 게 불교 수행과 다르지 않다고 생각했지만, 요즘 들어 더욱 그렇다는 생각이 든다. 참선이나 위빠사나 수행을 통해 사띠(sati, 집중력)가 강해지면 강해질수록 코치는 다음과 같이 코칭할 수 있게 된다.

- 코칭과 고객에 몰입한다.
- 편안하고 평화롭다.
- 쉼과 여유가 있다.
- 열린 마음과 연민의 마음으로 코칭에 임한다.
- 살아 있는, 생동감 있는 코칭을 한다.
- 확장과 변혁이 일어나는 코칭을 한다.
- 코치 자신과 고객의 내면을 알아차린다.
- 직관을 적절하게 사용한다.

나는 코칭을 하는 것과 불교 수행이 둘이 아니라는 생각으로, 일상생활 중에도 다음과 같은 노력을 하고 있다.
'지금 이 순간(생각, 감정 등)을 알아차린다.'
'나의 내면의 소리를 듣는다.'

'알아차리기, 즉 행위하는 나를 알아차린다.'

'지켜보기, 즉 알아차리는 나를 지켜본다.'

팔정도의 정념은 '몸에서 몸을 관찰하고, 느낌에서 느낌을 관찰하고, 마음에서 마음을 관찰하고, 법에서 법을 관찰하면서, 분명하게 알아차리는' 바른 마음챙김이다. 바른 주의 집중이며, 바른 깨어 있음이다. 팔정도의 정념이 코칭에서 프레즌스를 유지하는 것과 정확하게 일치한다는 것을 알 수 있다.

적극적으로 경청한다, 정정(正定)

수월 스님은 『천수경』을 좋아해서 자나 깨나, 앉으나 서나 『천수경』을 읊었다. 하루 종일 일하면서도 죽기 살기로 외웠다. 자고 일어나면 나무를 하러 산에 올랐고, 밥과 빨래를 하며 온갖 허드렛일을 도맡아 하면서도 입에서는 『천수경』 외는 소리가 끊이지 않았다. 놀라운 집중력이었다. 그러던 어느 날, 수월 스님은 골방에 들어가서 먹는 것과 잠자는 것도 잊은 채 『천수경』을 외우는 정진을 감행했다. 그렇게 이레째 되는 밤이었다. 마을 사람들이 갑자기 절에 몰려들었다. 절에 불이 난 줄 알고 불을 끄러 달려온 것이었다. 불을 끄러 왔던 사람들은 수월 스님의 방에서 불빛이 흘러나오는 걸 보고 놀라움을 금치 못했다. 스님의 몸이 광채를 발하고 있었던 것이었다. 스님의 몸은 빛이 나고 있었고 얼굴은 평화로움 그 자체였다. 이를 계기로 수월 스님은 잠이 없어졌으며, 한 번 보거나 들은 것은 결코 잊어버리지 않는 능력이 생겼다고 한다.

팔정도의 정정은 '마음을 한곳에 집중'하여 흔들림 없는 '평정한 마음 상태'를 유지하는 것이다. 번뇌를 벗어나서 분별을 버리고, 생각이 가라앉아 평온한 삼매를 이루는 것이다. 코칭에서는 모든 의식을 고객에게 집중하는 것을 코칭 삼매를 이룬다고 한다. 다음과 같이 고객에게 집중하는 것이다.

- 머릿속을 비우고 코치 자신의 의제를 내려놓는다.
- 고객의 말과 표정, 감정 등 모든 것을 듣는다.
- 고객이 무엇을 말하고, 어떻게 말하는지 알아차린다.
- 고객이 말하지 않는 내면의 소리도 알아차린다.

불교에서는 계율, 선정, 지혜를 공부하는 것을 삼학(三學)이라 한다. 이들은 서로 연결되어 있다. 계율을 지키지 않으면 선정을 얻을 수 없고, 선정의 상태가 아니면 지혜를 터득하기 어렵다. 팔정도의 각 항목을 삼학으로 분류하면 다음과 같다.

- **계율** : 정업, 정어, 정명
- **선정** : 정정진, 정념, 정정
- **지혜** : 정견, 정사유

계율의 정업, 정어, 정명의 세 가지는 서로 연결되어 있다. 올바른 생계(정명)를 기반으로 올바른 말(정어)을 할 때 비로소 올바른 업(정업)을 지을 수 있다.

선정의 세 가지도 마찬가지다. 올바른 노력(정정진)을 해야, 바른 마음챙김(정념)을 이룰 수 있고, 올바른 마음챙김이 있어야 올바른 선정(정정)의 상태를 유지할 수 있다.

지혜도 마찬가지다. 올바른 견해(정견)의 바탕 위에서 올바른 사유(정사유)를 해야 비로소 지혜를 얻을 수 있다.

큰 분류에서도 마찬가지다. 계율을 지켜야 선정에 이를 수 있고, 선정을 이루어야 지혜를 얻을 수 있다. 반대로 지혜가 있어야 선정에 이를 수 있고 계율을 지킬 수 있다. 이 항목들은 서로에게 의지하면서 서로에게 영향을 준다. 마치 매트릭스와 같다.

코칭도 마찬가지다. 올바른 마음챙김이 있어야 마음을 한곳에 집중하고 흔들림 없는 평정한 마음 상태를 유지할 수 있다. 마음챙김에 대해선 앞장의 '프레즌스 유지하기'에서 자세하게 살펴보았다. 코칭 진행 중에 평정한 마음 상태를 유지하기 위해선, 코치 자신의 마음을 내려놓고 고객의 마음에 집중해야 한다. 다음과 같이 듣는다.

- 모든 판단을 내려놓고 고객의 기분·생각·욕구에 집중하면서 듣는다.
- 고객의 말을 간결하게 요약하면서 듣는다.

"지금 기분이 우울하다는 말씀이군요(기분)."

"조금 더 여유가 있어야 한다고 생각하시는군요(생각)."

"더 좋은 결과를 얻고 싶어 하는군요(욕구)."

이렇게 듣는 걸 '입으로 듣는 경청'이라 하기도 하고, '패러프레이징(paraphrasing)'이라 부르기도 한다. 패러프레이징은 고객의 말을 간결하게 요약해서 되돌려 주는 것이다.

"동료들끼리 더 좋은 관계를 맺으면서 일해야 한다고 생각하시는군요."

"동료들끼리 서로 이해하지 못하고 갈등을 일으키는 것에 대해 불편하게 생각하시는군요."

"동료들과 더 좋은 관계를 맺으면서 일하고 싶으시군요."

이렇게 고객의 말을 되돌려 주는 건 고객으로 하여금 코치가 자신의 말을 잘 듣고 있으며 자신이 존중받고 있다고 느끼게 만든다. 코치가 되돌려 주는 말을 통해 자신이 했던 말을 자신이 직접 들음으로써 자신을 돌아보는 효과도 있다. 코치가 이렇게 듣는 걸 '거울이 되어 준다(mirroring).'고 말한다.

입으로 듣기를 할 때 주의해야 할 게 있다. 무턱대고 고객의 말을 앵무새처럼 따라 하면 고객은 오히려 기분 나빠 할 수도 있다. 아무 말이나 무턱대고 따라 하는 게 아니라, 고객의 말의 핵심을 간결하게 요약해 주는 것이다. 이때의 핵심은 고객의 기분·생각·욕구이다. 기분·생각·욕구가 무엇인지, 어떤 방법으로 알아줄 수 있는지에 대해선 앞장 '마음 알아주기는 수행이다'에서 자세하게 다룬 바 있다.

팔정도의 정정(바른 선정)이 마음을 한 곳에 집중하여 평정심을 유지하는 것이라면, 적극적 경청은 고객의 기분·생각·욕구에 집중하면서 입으로 듣는 것이다. 바른 선정(정정)을 유지하려면 바른 견해(정견)가 선행돼야 하고, 바른 노력(정정진)이 있어야 바른 마음챙김(정념)을 할 수 있고, 이를 통해 비로소 바른 선정(정정)에 이를 수 있다. 정견과 정정진, 정념은 바른 선정의 전제 조건이다. 이들은 홀로 떨어져 존재하는 게 아니라, 서로에게 의지하면서 존재한다.

코칭도 마찬가지다. 적극적으로 경청하기를 하려면, 코칭 마인드 셋이 체화되어야 하고, 윤리적 실행이 전제되어야 한다. 그리고 코칭 합의의 기반 위에서 신뢰와 안전감이 조성되어야 하고, 프레즌스를 유지할 수 있어야 한다. 이들은 서로 분리되어 있는 게 아니라, 서로 밀접하게 연결되어 있고, 서로 영향을 주고받는다.

팔정도의 정정이 팔정도의 다른 항목들과 어울려서 성립할 수 있는 것처럼 코칭 핵심 역량의 '적극적으로 경청하기'도 다른 항목들에 의지해서 비로소 존재한다. 그런 결과를 통해 마음을 한곳에 집중하여 평정심을 유지한다는 점에서 이 둘은 공통점이 있다.

알아차림을 불러일으킨다, 정어(正語)

불교에서는 '보시(布施), 애어(愛語), 이행(利行), 동사(同事)'의 네 가지를 '사섭법(四攝法)'이라 하여 수행자들이 지켜야 할 덕목으로 강조한다. 보시는 진리나 재물을 베푸는 것이고, 애어는 부드러운 말로 중생을 대하는 것이며, 이행은 선행을 베푸는 것이고, 동사는 중생과 일심동체가 되어 기쁨과 슬픔을 함께하는 것이다. 이 중에서 '애어'가 팔정도의 '정어'에 해당한다. 정어는 항상 깨어 있는 마음으로 언어 생활을 하는 것이다.

아내와 함께 외출했을 때였다. 아내의 기분이 매우 좋아 보였다. 아내는 하늘을 보더니 구름이 참 아름답다고 했다. 하늘을 쳐다보니 먹구름이 가득했다.

내가 말했다.

"구름이 아름다운 게 아니라, 지금 당신 기분이 좋은 거겠지."

아내가 대답했다.

"아니라니까~~ 소나기가 오기 직전의 먹구름이 얼마나 아름다운지 한번 보라고~~"

내가 중얼거렸다.

"아무리 봐도 시커먼 먹구름인데…… 저건 구름이 아름다운 게 아니라, 당신 기분이 좋은 거라고~~"

아내가 소리쳤다.

"당신은 똑똑해서 좋겠다!"

말에는 여러 종류가 있다. 내가 하고 싶은 말, 상대방이 듣고 싶은 말, 따뜻한 말, 옳은 말, 지적하는 말, 비난하는 말……. 내가 아내에게 한 말은 맞는 말이었지만, 필요한 말도 아니었고, 따뜻한 말은 더욱 아니었다. 말로 천 냥 빚을 갚는다고 했는데 본전도 못 챙겼다. 말로 짓는 업인 구업(口業)만 지었다.

코칭은 더욱 그렇다. 코치가 하고 싶은 말을 하는 게 아니라, 오직 고객에게 도움이 되는 말을 해야 한다. 그러나 하고 싶은 말을 참는 건 여간 어려운 일이 아니다. 거의 고행에 가깝다. 코치들이 우스개로 하는 말이 있다.

"이러다가 몸에서 사리가 나오겠어요~"

하고 싶은 말을 참는 건 정말 어렵다. 마치 묵언 수행을 하는 것과 같다. 이런 측면에서 코칭을 수행이라 하는 것이다. 나는 말을 하기 전에 스스로 사전 검열을 하려고 노력하고 있다.

'지금 내가 하려고 하는 말이 사실인가? 상대방에게 도움이 되는 말인가?'

아내와 자주 이야기한다.

"하고 싶은 말을 참을 줄 아는 것이 성숙한 어른이다."

코칭은 코치가 질문하고, 고객이 대답하는 과정을 통해 문제를 해결하고 원하는 걸 성취해 가는 일련의 과정이다. 그 과정에서 코치는 질문을 많이 한다. 고객으로 하여금 스스로 알아차리게 하기 위해서다. 그러나 아무 때나 아무런 질문을 해도 된다는 뜻은 아니다. 질문을 하는 게 코치에게 부여된 특권은 아니다. 코치의 질문은 언제나 고객의 문제 해결과 성취를 위한 것이어야 한다.

처음 코칭을 배우고 난 후 코치로 근무했던 회사에서 직원들은 코칭에 대해 불편함을 많이 느끼고 있었다. 시도 때도 없이 허락받지도 않은 상황에서 서로를 향해 마구 질문을 쏟아 냈기 때문이다. 질문을 받으면 대답해야 하니까, 질문을 받기 전에 서로 먼저 질문하려고 했다. 직원들은 이걸 '질문 배틀'이라 불렀다. 화장실에서 만났는데 꿈이 무엇인지 묻는다거나, 5년 후에 어떻게 되고 싶은지를 묻는다면 어떻게 되겠는가? 코칭을 잘못 배우면 주변에 사람이 없어진다는 우스개가 있다. 허락받지 않은 질문을 아무렇게나 시도 때도 없이 하기 때문이다. 질문은 상황에 맞아야 하고, 맥락이 있어야 하며, 예의를 갖추어야 한다. 다음은 질문을 할 때 코치가 유념해야 할 사항들이다.

- 그저 코치가 궁금해서 묻는 것인가, 고객에게 도움이 되는 질문인가?
- 코치가 생각하는 방향으로 유도하는 질문은 아닌가?
- 발견과 성찰을 이끌어 내는 질문인가?

- 고객의 탁월함을 이끌어 내는가?
- 고객의 알아차림을 불러일으키는가?
- 여러 개의 질문을 한꺼번에 하는 것은 아닌가?
- 장황하지 않고 간결한가?
- 열린 질문인가?

질문을 하면 생각하게 되고, 질문하는 곳으로 에너지가 흐른다. 그러나 잘못된 질문은 상대방을 찌르고 아프게 한다. 고객은 자신의 성취와 성공에 도움이 되는 질문을 할 수 있도록 허락했을 뿐이다. 코치의 질문에는 고객을 사랑하는 마음이 담겨 있어야 한다. 오직 고객을 위한 마음으로, 고객이 스스로 생각할 수 있도록 도와주고, 고객이 스스로 행동할 수 있는 힘을 주고, 고객이 스스로 성취할 수 있도록 돕는 질문을 해야 한다. 질문을 하는 건 고객에게 사랑을 베푸는 행위이다.

질문은 자칫하면 날카로운 비수가 될 수도 있다. 자칫하면 질문이 아니라 심문이 될 수 있다. 질문의 밑바탕에 고객을 사랑하는 마음이 자리 잡고 있어야 한다. 「법성게」의 다음 구절을 살펴보자.

중생을 이롭게 하는 보배로운 비가 허공에 가득하니
중생들은 각자의 그릇에 따라 이익을 얻는다
雨寶益生滿虛空
衆生隨器得利益

「법성게」의 구절처럼 코치의 질문은 언제나 고객을 이롭게 하는 것이어야 한다. 알아차림을 불러일으키는 것은 강력한 질문, 침묵, 은유나 비유 등의 도구나 기법을 통해 고객의 통찰과 배움을 촉진하는 것이다. 코치는 다음과 같이 알아차림을 불러일으킨다.

- 고객의 사고방식, 가치, 욕구, 바람, 신념 등에 대해 질문을 한다.
- 고객이 늘 하던 생각을 뛰어넘어 탐색하게 하는 질문을 한다.
- 고객이 지금 이 순간의 경험 그 이상의 것을 말해 주도록 요청한다.
- 고객을 발전하게 하는 것이 무엇인지에 주목한다.
- 고객이 어떻게 하면 나아갈지, 기꺼이 하고자 하거나 할 수 있는 것은 무엇인지 떠올릴 수 있도록 요청한다.
- 고객이 관점을 전환하도록 돕는다.

알아차림을 불러일으키는 것에 대한 더 자세한 설명은 앞서 코칭의 패러다임 '탁월성'에서 자세하게 다루었다. 팔정도의 정어는 항상 깨어 있는 마음으로 언어 생활을 하는 것이다. 코칭도 마찬가지다. 코치는 자신이 무슨 질문을 하고 있는지, 어떤 마음가짐으로 질문을 하고 있는지, 고객에게 어떤 도움이 되는지, 고객에게 어떤 알아차림을 불러일으키는 질문인지, 자신의 질문에 대해 항상 깨어 있어야 한다.

고객의 성장을 촉진한다, 정업(正業)

피카소에게 어느 부자가 그림을 의뢰했다. 피카소는 약 5분에 걸쳐 그림을 완성했다. 그림을 받은 부자가 말했다.

"그림을 그리는 데 5분밖에 걸리지 않았는데, 이렇게 비싸게 받는 건 너무 심하지 않습니까?"

피카소가 대답했다.

"5분의 그림을 그리기 위해 저는 평생을 준비했습니다."

불교에선 자신의 행위는 어떤 형태로든 업을 짓는다고 한다. 말로 짓는 결과를 구업(口業)이라 하고, 생각으로 짓는 결과를 의업(意業)이라 하며, 몸으로 짓는 결과를 신업(身業)이라 한다. 이 세 가지를 함께 묶어서 삼업(三業)이라 부른다. 자신의 현재의 모습은 이전 행위의 결과이며, 현재의 행위는 미래의 원인이 된다는 것이 업(業) 사상의 핵심이다. 부처님은 이에 대해 다음과 같이 말했다.

너의 전생을 알고 싶은가? 현재 자신의 모습을 보라.
너의 다음 생을 알고 싶은가? 지금 자신의 행위를 돌아보라.

미국의 철학자 켄 윌버는 현재에 대해 통찰을 준다. 켄 윌버는 다음과 같이 주장한다.

"과거는 현재의 기억 속에 남아 있고, 미래는 현재의 기대 속에 살아 있다. 그러므로 과거와 미래는 모두 현재에 살아 숨 쉰다."

현재의 의식이 과거에 영향을 미치고, 현재의 행동이 미래를 결정 짓는다는 말이다. 현재 내가 어디에 주의를 집중하는지에 따라 과거와 미래가 모두 달라질 수 있다는 희망의 메시지다. 모든 것은 현재에 달려 있다. 현재의 생각으로 과거를 바꿀 수 있고, 현재의 행동으로 미래를 만들 수 있다. 그래서 현재는 마법이다. 현재는 무엇이든 만들어 낼 수 있다. 예전에 어느 스님으로부터 들었던 말이 생각난다.

내일의 나무로 어제의 집을 짓는다.

코치의 모든 행위는 업을 짓는다. 어떤 업을 지을 것인지는 코치의 의식과 하는 말에 의해 결정될 것이다. 코칭의 궁극적인 목적은 고객의 성장이다. 그래서 코치의 생각과 말과 행동은 모두 고객의 성장에 초점을 맞춘다. 다음과 같이 고객의 성장을 촉진한다.

- 고객과 함께 고객이 배움을 통합하고 확장할 수 있도록 목표와 행동, 책임 관리 방법을 설계한다.
- 고객 스스로 목표, 행동, 책임 관리 방법을 설계하도록 수용하

고 지원한다.

- 고객이 행동을 실천하며 얻을 수 있는 성과와 배움을 찾도록 지원한다.
- 고객이 가진 자원이나 도움받을 수 있는 것, 또는 예상되는 장애 요인을 고려하여 어떻게 나아갈 수 있을지 생각하도록 요청한다.
- 고객의 발전과 성공을 축하한다.

고객의 성장을 촉진하는 것은 별개로 떨어져서 존재하는 게 아니다. 윤리적 실천을 보여 주고, 적극적으로 경청하며, 알아차림을 불러일으키는 모든 행위들이 고객의 성장에 초점을 맞추고 있다. 어떤 행위를 콕 집어서 이건 신뢰와 안전감을 조성하는 말이고, 이건 알아차림을 불러일으키는 말이고, 이건 성장을 촉진하는 말이라고 구분하기 어렵다. 모든 것들이 서로 연결되어 있다. 어떤 말은 하나의 개념일 수도 있고, 어떤 말은 여러 개의 개념이 복합되어 있을 수도 있다. 칼로 두부를 자르듯이 확연하게 구분되지 않는다. 「법성게」의 다음 구절이 생각난다.

하나 속에 모든 것이 있고, 여럿 속에 하나가 있다.
─中一切多中一

코치의 모든 행위는 고객의 성장을 촉진하는 데 초점이 맞추어져 있다. 코치는 이를 통해 바른 업(정업)을 짓는다.

지금까지 팔정도의 각 항목과 코칭 핵심 역량의 각 항목을 비교해서 살펴봤다. 비교의 목적은 해탈과 열반으로 가는 여덟 가지의 올바른 길인 팔정도의 이해를 통해 코칭 핵심 역량을 더욱 깊이 있게 이해하는 것이다. 어떤 항목은 다른 항목과 더 자연스럽게 연결될 수도 있고, 어떤 항목의 연결은 부자연스러울 수도 있을 것이다. 팔정도의 각 항목과 코칭 핵심 역량의 각 항목들이 서로 연결되어 있고, 서로에게 의지하고 있으며, 서로에게 영향을 주고 있는 특성 때문에 더욱 그렇다. 그럼에도 불구하고 이런 시도를 한 것은 이 비교를 통해 팔정도와 코칭 핵심 역량 전체에 대한 통찰을 얻고 싶었기 때문이다. 모쪼록 달을 가리키는 손가락을 보지 말고, 있는 그대로의 달을 보기를 기대할 따름이다.

제6장.

3P 코칭모델과 불교 교리 비교

코칭의 패러다임과 불교의 패러다임

지금까지 살펴본 불교 교리와 코칭의 원리는 다음과 같이 나타낼 수 있다.

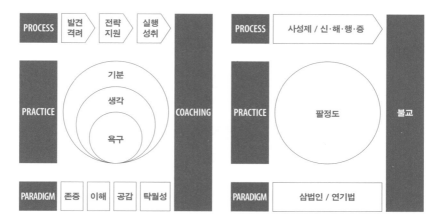

3P 코칭모델과 불교 교리 비교

그림에서 보면, 코칭은 패러다임(Paradigm), 실천(Practice), 과정(Process)의 구조를 가지고 있다.

패러다임은 '모든 사람은 자체로 온전하여, 필요한 해답을 자신의 내부에 가지고 있으며, 창의적'이라는 기반 위에서 고객을 존중하고, 이해하며, 공감하고, 탁월성을 믿는 것이다. 그러므로 코칭은 '존·이·공·탁'의 마음가짐을 챙기는 것으로 시작한다.

- 사람들은 존중받고 싶어 한다.
- 사람들은 이해받고 싶어 한다.
- 사람들은 공감받고 싶어 한다.
- 사람들은 탁월한 성과를 내고 싶어 한다.

후배 코치가 어떻게 하면 코칭을 잘할 수 있는지 물었다.

"선배님, 어떻게 하면 코칭을 잘할 수 있을까요?"

"너는 지금도 코칭을 잘하고 있잖아?"

"요즘 왠지 코칭을 하고 나면 뭔가 허전하고 아쉬운 느낌이 듭니다. 아무리 생각해도 왜 그런지 알 수가 없습니다."

"원래 너는 코칭을 잘하니까 내가 별도로 해 줄 말은 없고…… 나는 요즘 코칭을 하는 날 아침에 '존·이·공·탁'을 마음에 되새기고, 코칭을 하러 가면서는 입으로 '존·이·공·탁'을 중얼거리고, 코칭을 마치고 난 후에는 '존·이·공·탁'을 제대로 했는지 스스로 점검하려고 노력하고 있다네."

"그거 좋은 방법인 거 같네요. 저도 그렇게 한번 해 봐야겠습니다."

그로부터 한 달 후에 후배로부터 연락이 왔다.

"선배님, 저는 요즘 '존·이·공·탁'에 푹 빠져 살고 있습니다. '존

·이·공·탁'은 코칭뿐만 아니라 일상생활에서도 정말 효과가 좋다
는 걸 느끼고 있습니다. 매일 입으로 '존·이·공·탁'을 중얼거리면서
생활하고 있습니다. 좋은 방법을 알려 주셔서 고맙습니다."

'존·이·공·탁'이 코칭의 패러다임이라면 불교의 패러다임은
삼법인(三法印)과 연기법(緣起法)이다. 삼법인을 마음에 새기고 생활
하는 것이다. 삼법인은 제행무상(諸行無常), 제법무아(諸法無我), 일
체개고(一切皆苦)의 세 가지 진리를 말한다.

제행무상은 모든 것은 변화한다, 변하지 않는 영원한 것은 없
다는 뜻이다. 변화는 특정 시점에만 일어나는 게 아니라 흐름이고
연속이기 때문에, 변화의 순간을 알아차리는 것이 매우 중요하다.
제행무상의 진정한 원리를 이해해야 하는 것이다. 제행무상의 지혜
는 지금 이 순간에 깨어 있고, 지금 이 순간을 알아차리는 것이다. 지
금 자신이 어떤 생각을 하고 있는지 알아차리고, 어떤 말을 하는지
알아차리고, 숨을 내쉬고 있는지 들이마시고 있는지 알아차리는 것
이다. 지금 이 순간에 일어나고 있는 자기 존재의 변화 현상을 알아
차리는 것이다.

제행무상의 원리에 의하면 모든 것은 현재다. 과거는 이미 지
나가 버렸고, 미래는 아직 오지 않았기에 아직 존재하지 않는다. 그
래서 언제나 현재만 존재한다. 과거도 없고, 미래도 없고, 현재만 있
기에 영원히 현재다. 현재의 생각으로 과거의 기억을 바꿀 수도 있
고, 현재의 생각으로 미래의 기대를 바꿀 수도 있다. 모든 것은 현재

의 생각과 행동에 달려 있다. 현재가 모든 걸 결정한다. 그래서 현재는 마법이다. 한마디로 말하면, 제행무상은 현재의 모든 순간을 알아차리고, 현재의 모든 순간에 집중하라는 뜻이다. 그래서 현재의 순간에 집중하기 위해 위빠사나 수행을 하고, 사념처를 알아차리는 수행을 한다. 제행무상이기에 언제나 현재를 알아차리려고 노력하고, 현재에 깨어 있기 위해 수행하는 것이다. 그런 방식으로 현재에 집중하고 현재에 존재한다. 영원히 현존한다. 제행무상인데 영원한 현존이다. 이게 불교가 추구하는 삶의 방식이다.

제법무아는 모든 것은 실체가 없다는 뜻이다. 이걸 줄여서 '무아'라 부른다. 무아는 '엄연히 존재하고 있는 실체로서의 내가 없다.'는 뜻이 아니라, '고정되어 변하지 않는 실체로서의 나는 없다.'는 뜻이다. 무아는 '내가 있다.' '내가 무엇이다.' 하고 자신에 집착하는 사람들에 대한 처방이다. 고정불변하는 내가 존재한다는 착각을 벗어나면 자기가 잘났다는 마음, 교만한 마음, 이기적인 마음 등이 없어지고 유연하고 열려 있는 마음이 된다. 제법무아는 연기법으로 더욱 쉽게 설명할 수 있다.

연기법이란 원인과 결과의 법칙, 인과의 법칙, 인연법 등으로 부르는데, 일체 만물의 존재 원리이다. 모든 존재는 독립적으로 존재하는 게 아니라, 서로 의존하여 생기고 서로 의존하여 없어지는 상호의존적 존재다. 그러므로 독립적으로 존재하는 것은 없다. 원인과 조건이 있어야 비로소 생기고, 원인과 조건이 없어지면 존재도 사라진다.

원인과 조건이 있기 전에는 비어 있는 상태였다가, 원인과 조건이 있어야 비로소 생기기 때문에 모든 존재는 공(空)이다. 공이란 비어 있다는 뜻이다. 무조건 텅 비어 있는 게 아니라, 원래부터 고정되어 있는 성품이 없기에 비어 있다고 한다. 그러므로 공이란 원인과 조건이 있으면 무엇이든 될 수 있다는 가능성이다. 비어 있기에 무엇이든 될 수 있는 것이다. 진공묘유(眞空妙有)다. 참다운 공은 텅 비어 있는 게 아니라, 묘하게 존재한다는 뜻이다.

제법무아이기에 무엇이든 될 수 있고, 연기하는 존재이기에 무엇이든 될 수 있다. 제법무아와 연기법은 무엇이든 될 수 있는 무한한 가능성의 원리이다.

일체개고는 모든 것은 괴로움이라는 뜻이다. 태어나고 늙고 병들고 죽는 생로병사(生老病死)를 포함하여 세상의 모든 것이 괴로움이라는 뜻이다. 그러므로 엄연하게 존재하는 괴로움을 무조건 회피하지 말고 괴로움을 직시하라는 것이다. 괴로움의 본질을 정확하게 인식하고, 괴로움의 실체를 있는 그대로 볼 수 있을 때 비로소 괴로움을 해결할 수 있는 길이 열린다. 이를 위해 불교는 사성제를 통해 괴로움이 무엇인지, 괴로움의 원인이 무엇인지, 괴로움의 소멸 방법은 무엇인지 자세하게 설명한다. 그리고 팔정도를 통해 괴로움에서 벗어나서 해탈과 열반에 이르는 길을 상세하게 알려 주고 있다.

일체개고는 모든 것은 괴로움이라고 말하니까, 허무주의와 염세주의로 오해하는 사람들이 많이 있는데, 이는 본질을 보지 못한 것이다. 달을 가리키는데 달은 보지 않고, 달을 가리키는 손가락만

보는것이다.

　모든 존재는 무상이며(제행무상), 모든 존재는 무아(제법무아)라는 것과 더불어 모든 존재는 괴로움(일체개고)이라는 말은 존재 현상의 본질을 직시하게 하는 귀중한 가르침이다. 병이 무엇인지 알아야 치료 방법을 찾을 수 있는 것처럼, 존재 현상의 본질을 알아야 비로소 삶의 방향을 찾을 수 있기 때문이다.

　삼법인과 연기법에 대해 다음과 같이 정리할 수 있다.

- 제행무상은 '지금 여기, 지금 이 순간'에 존재해야 하는 논리적 근거이며
- 제법무아와 연기법은 무엇이든 될 수 있는 무한한 가능성의 원리이고
- 일체개고는 사성제와 팔정도의 실천을 통해 해탈과 열반을 추구해야 하는 이유이다.

패러다임	코칭	불교
	존·이·공·탁 (존중·이해·공감·탁월성)	삼법인 / 연기법

코칭과 불교의 패러다임 비교

코칭의 실천과 불교의 수행

코칭은 고객이 스스로 이루고 싶은 것을 발견하고, 즉 탁월한 성과를 내고 싶은 마음을 발견하고, 이를 성취할 수 있도록 코치와 고객이 협업을 하는 일련의 행위다. 3P 코칭모델에 따르면, 원활하고 효과적인 코칭을 위해 코치는 고객의 '기·생·욕', 즉 기분·생각·욕구를 알아주는 행위를 실천(Practice)한다.

'기·생·욕', 즉 기분·생각·욕구는 마음이다. 기분은 느낌으로서의 마음이고, 생각은 개념으로서의 마음이며, 욕구는 의지로서의 마음이다. 고객의 마음을 발견하고, 마음을 실천하고, 마음의 성취를 이루기 위해, 코치는 '기·생·욕'을 알아주는 행위를 실천하는 것이다.

다음 대화를 살펴보자.

고객 : 저는 팀원들에게 업무 지시를 정확하게 하지 못하고 있습니다. 분명하고 정확하게 지시를 한다는 게 자칫하면 팀원들에게 강압적으로 들릴 수도 있고 마음을 상하게 할 수도 있기 때문에 망설여집니다. 그래서 돌려서 부드럽게 말하곤 하는데,

팀원들이 제 말을 가볍게 받아들여서 업무 지시를 이행하지 않는 경우가 많습니다. 어떻게 하면 팀원들이 기분 나쁘지 않게 업무 지시를 잘할 수 있을까요?

코치 : 팀원들의 기분을 나쁘게 하지 않기 위해서 부드럽게 업무 지시를 하니까 지시 이행이 잘되지 않는다는 거군요.

고객 : 그렇습니다.

코치 : [기분 알아주기] 팀원들의 기분을 존중하기 위한 노력이 지시 불이행으로 나타나니까 당황스럽겠네요.

고객 : 팀원들의 기분 존중도 중요하지만, 그에 못지않게 업무를 제대로 하는 것도 중요하거든요.

코치 : [생각 알아주기] 팀원들의 기분을 존중하는 것도 중요하고, 동시에 업무 성과를 내는 것도 중요하다는 말씀이군요.

고객 : 그렇습니다.

코치 : [욕구 알아주기] 고객님은 팀원들과 좋은 관계를 맺으면서 동시에 좋은 성과를 내고 싶은 욕구가 있으시군요.

고객 : 그러네요. 제가 팀원들과 좋은 관계를 유지하고 싶어 하는 마음도 있고, 동시에 좋은 성과를 내고 싶은 마음도 있군요. 이걸 동시에 달성하는 게 욕심일까요?

코치 : 그게 고객님이 진정으로 원하는, 고객님의 진짜 마음으로 느껴지는데요.

코치는 효과적인 코칭을 위해 '기·생·욕' 알아주기를 실천한다. '존·이·공·탁'의 패러다임으로 '기·생·욕' 알아주기를 실천하는 것이 3P 코칭모델의 핵심이다. 다음 표에서 보는 것처럼, 코칭은 '기·생·욕' 알아주기를 실천하고, 불교는 팔정도를 실천한다. 팔정도는 괴로움에서 벗어나서 해탈과 열반에 이르는 여덟 가지 길이다.

실천 (Practice)	코칭	불교
	'기·생·욕'(기분·생각·욕구) 알아주기	팔정도 수행

코칭의 실천과 불교의 수행

코칭의 프로세스와 불교의 교리 구조

불교는 사성제에 기반하여 세상을 이해하고 신·해·행·증의 프로세스로 수행을 실천한다. 코칭은 GROW와 DSA 프로세스에 따라 진행된다. 사성제를 실천하는 것을 GROW 프로세스와 연결할 수 있고, 신·해·행·증을 실천하는 것을 DSA 프로세스와 연결할 수 있다. 이를 다음 표와 같이 정리할 수 있다.

	코칭	불교
프로세스 **(Process)**	GROW(Goal, Reality, Option, Will)	사성제
	DSA(Discover, Strategy, Action & Achieve)	신·해·행·증

코칭의 프로세스와 불교의 교리 구조

지금까지 살펴본 불교의 교리와 코칭을 다음 표와 같이 정리할 수 있다.

구분	코칭	불교
Process	GROW, DSA.	사성제 / 신·해·행·증
Practice	기분·생각·욕구	팔정도
Paradigm	존중·이해·공감·탁월성	삼법인 / 연기법

코칭과 불교의 비교

- 코칭은 '존·이·공·탁'의 패러다임 위에 성립하고 있고, 불교는 삼법인과 연기법을 기반으로 하고 있다.
- 코칭은 '기·생·욕'을 실천하고, 불교는 팔정도를 수행한다.
- 'GROW'와 'DSA'는 코칭을 진행하는 프로세스이고, 사성제와 신·해·행·증은 진리에 이르는 프로세스다.

제행무상이기에 현재의 순간을 알아차려야 하고, 제법무아이고 연기법이기에 열려 있는 자세로 유연하고 겸손해야 하며, 일체개고이기에 사성제와 신·해·행·증의 구조를 이해하고 팔정도를 수행해야 한다. 이를 일상에서 구체적으로 구현하고자 하는 것이 코칭이다.

제법무아이고 연기법이기에 상대방을 존중하고, 이해하고, 공감하고, 탁월성을 믿어야 하며, 제행무상이기에 매 순간 기분·생각·욕구 알아주기를 실천해야 하고, 일체개고이기에 상대방의 탁월한 마음을 발견하고, 마음 실현 전략 수립을 돕고, 이를 실행하고 성취할 수 있도록 돕는 것이다.

부록.

DSA 코칭 대화
사례

지금 소개하는 네 개의 사례는 실제 대화를 녹취한 것이 아니라, 실제 대화를 기반으로 하되, DSA 프로세스를 잘 이해할 수 있도록 재구성한 것이다.

스트레스 관리를 잘하는 방법

[Discover : 발견을 격려하기]

코치 : 오늘 어떤 이야기를 해 볼까요?

고객 : 제가 요즘 스트레스를 많이 받고 있는데, 스트레스 관리를 잘
하는 방법을 알고 싶습니다.

코치 : 조금 자세하게 말씀해 주실래요?

고객 : 지난주에 팀장 승진 발표가 있었는데 제가 누락됐습니다. 정
말 말도 안 되는 일이 벌어졌습니다. 저보다 한참 후배인 다른
팀의 사람이 팀장이 됐는데, 문제는 그 사람이 우리 팀의 업무
에 대해선 전혀 모른다는 겁니다. 우리 팀의 업무도 잘 모르는
후배가 팀장으로 온다고 하니 짜증도 나고, 앞으로 어떻게 해
야 할지 막막하기도 합니다. 이게 그만두라는 소리인가? 하는
의심이 들기도 합니다.

코치 : 많이 힘드시겠군요.

고객 : 정말 배신감을 느낍니다. 그동안 상무님이 '다음 팀장은 당신
이다. 조금만 열심히 하자.'하는 말을 입버릇처럼 해 놓고선,
자기 말에 책임을 지지도 않고, 자기는 다른 부서로 가 버렸습
니다. 정말 괘씸합니다.

코치 : 상무님에게 배신감을 느낄 정도군요.

고객 : 그 정도로 화가 많이 납니다.

코치 : 그러시군요. 이런 와중에 코칭을 하려고 하니까 마음이 불편하시겠어요.

고객 : 아닙니다. 오히려 저는 오늘 코칭 시간을 기다리고 있었습니다. 왜 제가 팀장 승진에서 누락했는지에 대해 코치님과 객관적인 관점에서 대화를 나누고 싶고, 앞으로 어떻게 해야 할지에 대해서도 조언을 듣고 싶습니다.

코치 : 이런 상황에서도 자신을 돌이켜 보고, 앞으로 어떻게 해야 할지, 성찰하려는 고객님의 모습이 멋지게 보이네요.

고객 : 멋지다기보다 다른 방법이 없지 않겠습니까?

코치 : 지금 다른 방법이라고 하셨는데, 여러 가지 방법이 떠오르는 모양이네요.

고객 : 그렇지요. 성질 같아선 확 엎어 버리고 때려치우고 싶습니다.

코치 : 그 정도로 화가 많이 나셨군요. 그러면, 우리 재미 삼아서, 가상으로, 확 엎어 버리고 때려치우는 걸, 여기서 한번 연습해 보면 어떨까요?

고객 : 예? 가상으로 확 엎어 버리고 때려치우는 연습이요?

코치 : 예~ 누구에게 먼저 섭섭한 마음을 말하고 싶은가요?

고객 : 상무님이요~~

코치 : 그러면, 제가 상무님이라고 생각하고, 하고 싶은 말을 마음껏 해 보시겠어요?

고객 : 마음대로요?

코치 : 지난번에 말씀드린 것처럼, 코칭 대화에서 나눈 이야기들은 비밀 보장이 되니까 마음 놓고 말씀하셔도 됩니다.

고객 : 쑥스럽네요…… (한참을 망설이다가) 상무님, 정말 섭섭합니다. 저에게 어떻게 이럴 수가 있습니까? 제가 팀장이 되지 못한 것도 성질나는데, 다른 팀의 후배가 새로운 팀장으로 오다니요? 이게 말이 된다고 생각하십니까? 상무님은 지금 비어 있는 팀장 자리에 제가 팀장이 될 거라고 누구이 말씀하지 않으셨습니까? 그래서 제가 얼마나 열심히 했는지 상무님이 제일 잘 알지 않습니까? (격정적인 목소리로) 저를 승진시켜 주지도 못하고, 상무님은 좋은 자리로 가니까 기분이 좋습니까? 상무님이 괘씸하기도 하고, 배신감을 느낍니다. 상무님, 저보고 회사를 그만두라는 건가요?

코치 : (잠시 기다렸다가) 또 하실 말씀 있으면 더 하시죠.

고객 : 이거, 재미없는데요~

코치 : 예? 재미가 없다고요?

고객 : 짜증이 확 나는데요~

코치 : 무슨 뜻인지 좀 자세하게 말해 줄래요?

고객 : 상무님도 지금 저에게 미안한 마음이 있을 거고, 상무님도 자기가 노력한 대로 되지 않아서 짜증이 날 거 같은데, 제가 이런 말을 하면 오히려 저에게 배신감을 느낄 것 같은데요.

코치 : 조금 전에 상무님에게 배신감을 느낀다고 말한 건 어떻게 되

는 건가요?

고객 : 정확하게 이야기하면, 상무님에게 배신감을 느끼는 게 아니라, 지금의 상황에 대해 짜증이 나는 거 같습니다. 이번 인사 발령은 대표이사가 자신이 구상하고 있는 프로젝트를 추진하기 위해, 대표이사가 직접 결정한 거라고 이야기 들었습니다. 그래서 저뿐만 아니라, 상무님도 이번 인사에는 참여하지 못한 걸로 알고 있습니다.

코치 : 상무님에 대한 배신감이 아니라, 지금의 상황에 대한 짜증이라는 말이군요. 고객님은 오늘 코칭을 통해 승진 누락의 원인에 대해 객관적으로 살펴보고, 앞으로 어떻게 해야 할지에 대해 조언을 듣고 싶다고 하셨는데, 지금 우리 대화가 고객님이 원하는 방향으로 가고 있는 건가요?

고객 : 지금 제 마음이 오락가락 하고 있는 거 같습니다. 처음엔 승진 누락의 원인과 앞으로의 방향에 대해 살펴보고 싶었는데, 코치님과 대화를 나누다 보니까, 지금 제 마음속에 있는 여러 가지 감정들에 대해 정리를 하는 게 더 급할 거 같습니다.

코치 : 마음속에 있는 여러 가지 감정들에 대한 정리라~~

고객 : 지금 제 마음속에 여러 가지 감정이 동시에 있는 거 같습니다. 상무님에게 말하는 연습을 하면서, 오히려 제가 상무님에게 더 미안한 감정이 있다는 걸 알게 됐습니다.

코치 : 무슨 말씀인지요?

고객 : 상무님이 저를 승진시키기 위해 다각도로 노력했다는 걸 저

도 잘 알고 있습니다. 그런데도 승진이 안 된 건, 제가 대표이사의 눈에 띨 정도의 실적을 내지 못한 게 진짜 이유인데, 상무님께 화살을 돌리고 있는 저를 발견하고 제가 참 못났다는 생각이 들었습니다.

코치 : 놀랍습니다~~

고객 : 예? 놀랍다고요?

코치 : 그렇습니다. 고객님의 성찰의 깊이가 정말 놀랍습니다. 지금 자신의 처지가 매우 어려운 상황인데, 상무님의 입장까지 생각해 주시다니 놀랍습니다.

고객 : 코치님이 그렇게 말씀해 주시니까 부끄럽기도 하고, 위로가 되기도 합니다.

코치 : 지금 마음이 어떠세요?

고객 : 아까보다 마음이 훨씬 편안해졌습니다. 그런데 앞으로 새로 올 팀장과 어떻게 일해야 할지 염려가 됩니다.

코치 : 처음엔 상무님에게 화가 나는 감정이었다가, 그게 상황에 대한 감정이라는 걸 알게 됐고, 그리고 상무님에게 미안한 감정이 생겼는데, 지금은 새로 올 팀장에 대한 염려의 감정이 있군요.

고객 : 그러네요. 제 마음속에 정말 여러 가지 감정이 있네요. 아~~ 코치님, 갑자기 새로 올 팀장도 정말 죽을 맞이겠다는 생각이 드는데요.

코치 : 무슨 말씀이신지요?

고객 : 새로 올 팀장 입장에선, 지금 있는 그 팀에서 승진하면 자신이 잘 아는 업무를 계속할 수 있을 텐데, 업무를 잘 알지 못하는 팀에서 새롭게 시작해야 하는 것도 힘들 거고, 또 저같이 나이 많은 팀원과 일해야 하는 것도 부담되지 않겠습니까?

코치 : 그러네요. 새로 올 팀장의 입장은 그럴 수 있겠군요. 그런데, 지금 새로 올 팀장의 마음까지 헤아리고 있는 고객님은 어떤 분이신지 궁금하네요~

고객 : 그냥 갑자기 그런 생각이 들었습니다.

[Strategy : 전략 수립을 지원하기]

코치 : 잠시만 멈추어 볼게요~ 오늘 대화를 시작할 때의 고객님의 감정과 상무님에게 속마음을 털어놓고 난 후의 감정, 새로 올 팀장에게 느끼고 있는 감정 등 여러 가지 감정이 있는데, 어떤 게 고객님의 진짜 감정인가요?

고객 : (당황하며) 진짜 감정이요? 이 감정들이 가짜란 말인가요? 코치님의 말뜻을 잘 모르겠습니다.

코치 : 제 질문이 잘못된 것 같군요. 질문을 바꾸어 보겠습니다. 고객님은 아까 말한 여러 가지 감정 중에서 어떤 감정을 간직하고 싶은가요?

고객 : (눈을 감고 생각에 잠긴다.) 저의 모든 감정들이 그 상황에서 필요해서 일어난 건 맞는데, 특별히 어떤 감정을 간직해야겠다는 생각이 들진 않는군요. 아까, 코치님이 어떤 감정이 진짜 감정

인가 물은 게 이런 뜻이었군요. 제 감정이 아닌 건 없지만, 그렇다고 어떤 감정을 특별히 움켜쥐고, 그 감정에 빠져서 헤어나지 못하고 싶진 않네요.

코치 : 모든 게 고객님의 감정인 건 맞지만, 특별히 어떤 감정에 빠져들고 싶진 않다는 말씀이군요. 그럼, 고객님의 여러 가지 감정들 아래에 있는 고객님의 욕구는 무엇일까요?

고객 : 여러 가지 감정의 아래에 있는 욕구라고 하셨나요?

코치 : 그렇습니다. 처음에 인사발령을 접했을 때 배신감을 느꼈다고 했는데, 그 감정 아래엔 어떤 욕구가 있을까요?

고객 : 당연히 제가 팀장으로 승진할 거라고 생각했는데, 기대와 달리 탈락했기에 느끼는 감정 아닐까요?

코치 : 그렇군요. 승진에 대한 욕구가 충족되지 못해서 느낀 감정이 배신감이었다면, 지금 상무님에게 느끼는 미안한 감정 아래엔 고객님의 어떤 욕구가 있는 걸까요?

고객 : 이번 일로 인해 상무님과 저의 관계가 나빠지지 않고, 앞으로도 좋은 관계를 맺고 싶은 거 아닐까요?

코치 : 그렇군요. 상무님에게 느끼는 미안한 감정은 상무님과 계속해서 좋은 관계를 맺고 싶은 욕구의 표현이군요.

고객 : 이거 재미있네요. 감정 아래엔 반드시 욕구가 있군요~~

코치 : 아까 새로 올 팀장에 대한 염려의 감정도 있었는데, 그 아래엔 어떤 욕구가 있을까요?

고객 : 와우~ 이건 새로 올 팀장에 대한 염려가 아니라, 저에 대한 염

려네요. 새로 올 팀장과 어떤 관계를 맺어야 할지 염려하고 있는 저의 마음이군요. 그 팀장에 대한 염려가 아니라, 저에 대한 염려네요~~

코치 : 고객님은 역시 성찰을 잘하시는군요. 그 염려 아래에 있는 욕구는 무엇인가요?

고객 : 이것 역시 새로 올 팀장과 좋은 관계를 맺으면서 일하고 싶은 저의 욕구이군요~~

코치 : 모든 감정 아래엔 욕구가 있다는 걸 확인하셨는데, 이게 스트레스 관리와 어떤 관계가 있을까요?

고객 : (무릎을 탁 치면서 큰 목소리로) 이게 바로 스트레스 관리 방법이군요~~

코치 : 뭔가 깨달음이 있으시군요.

고객 : 저는 지금까지 어떤 감정이 생기면 그 감정을 억누르거나 회피하려고 했는데 잘 안됐습니다. 그런데 이젠 그 감정 아래에 있는 저의 욕구를 알아차리면, 그 감정은 자연스럽게 정리될 거 같은 생각이 듭니다. 무턱대고 감정을 회피하거나 억누르려고 하지 말고, 그 감정 아래에 있는 욕구를 알아차리는 게 바로 스트레스를 관리하는 방법이 아닐까 하는 생각이 들었습니다.

코치 : 감정을 억누르는 게 아니라, 감정 아래에 있는 욕구를 알아차리는 게 스트레스 관리 방법이라는 말씀인가요?

고객 : 그럴 거 같습니다.

[Action & Achieve : 실행하고 성취하게 하기]

코치 : 지금 우리가 하고 있는 이야기가 고객님이 다루고 싶었던 게 맞는지요?

고객 : 제 말이 왔다 갔다 했는데, 이게 바로 제가 이야기하고 싶었던 게 맞는 것 같습니다.

코치 : 그러면, 지금까지 우리가 나눈 이야기를 어떻게 정리할 수 있을까요?

고객 : 처음엔 제가 승진 누락에서 느끼는 감정들에 휩싸여서 진짜로 제가 원하는 게 뭔지 알지 못했는데, 이젠 확실하게 알게 됐습니다. 어떤 상황에서든지 제가 느끼는 감정의 아래엔 저의 욕구가 있으니까, 이걸 잘 알아차리는 게 중요하다는 걸 알게 됐습니다. 이게 바로 스트레스를 관리하는 아주 좋은 방법이라고 생각됩니다.

코치 : 그럼, 어떻게 하면 감정 아래에 있는 욕구를 잘 알아차릴 수 있을까요?

고객 : 감정 아래에 있는 욕구를 알아차리려면, 어떤 감정이 생길 때 그걸 먼저 알아차려야 하겠네요. 그래야 그 아래에 뭐가 있는지 알 수 있지 않겠습니까?

코치 : 감정을 먼저 알아차려야 한다?

고객 : 아~ 이게 무슨 말인지 알겠습니다. 예전에 감정 알아차리기 훈련을 받은 적이 있는데, 감정을 알아차리기만 해도 마음이 차분해지는 걸 느꼈습니다. 이제 한 걸음 더 나아가서 감정 아

래에 있는 욕구까지 알아차리게 되면, 제가 진짜로 원하는 게 뭔지, 어떻게 행동해야 하는지 알 수 있을 거 같습니다.

코치 : 감정을 먼저 알아차리는 게 중요하다는 말로 들립니다. 어떻게 하면 감정을 잘 알아차릴 수 있을까요?

고객 : 그게 관건인데, 그게 말처럼 쉽지가 않더라고요. 저는 화를 내고 나서도 화를 낸 줄도 모르고, 슬픔에 빠져 있으면서도 그런 줄 모르는 경우가 대부분이거든요. 제가 어떤 감정 상태에 있는지, 어떤 감정이 올라오는지 알아차리는 건 정말 어렵더라고요. 그러고 보니, 스트레스 관리의 첫 번째는 자신의 감정을 알아차리는 거군요.

코치 : 그렇군요. 그게 핵심인거 같군요. 앞으로 어떻게 하고 싶으세요?

고객 : 코치님, 감정을 알아차리는 특별한 훈련 방법이 있을까요?

코치 : 혹시 고객님 주변에 있는 분들은 자신의 감정을 잘 알아차리기 위해 어떤 특별한 훈련을 하고 있나요?

고객 : 아~ 명상을 꾸준히 하는 분을 알고 있는데, 그분은 자신의 감정을 잘 알아차리는 거 같아요.

코치 : 명상을 하는 분이 있군요. 또 어떤 분이 있나요?

고객 : 감수성 훈련을 열심히 받는 분도 있는데, 그분은 감수성 훈련을 받고 난 후에 자신의 감정에 충실하게 됐고 마음이 편안해졌다고 합니다.

코치 : 감수성 훈련을 받는 분도 있군요. 또 어떤 분이 있나요?

고객 : 코치님, 저는 명상을 해 보고 싶습니다. 코치님도 명상을 한다고 들었는데, 명상하는 방법을 좀 가르쳐 주시겠습니까?

코치 : 고객님은 명상을 하고 싶으시군요. 지금 명상하는 방법을 가르쳐 달라고 하셨는데, 이건 다음 코칭에서 자세하게 다루면 어떨까요?

고객 : 예. 좋습니다~~

코치 : 다음 코칭에서 명상하는 방법을 다루기 전에, 고객님이 준비해야 할 게 있는데 요청을 드려도 될까요?

고객 : 예. 제가 준비해야 할 게 있다면 당연히 해야지요. 말씀하시지요.

코치 : 다음 코칭 전까지, 유튜브나 책을 통해서 명상 방법에 대해 미리 공부를 하고 오시면 좋겠습니다. 고객님이 공부하신 것과 제가 알고 있는 걸 비교해 가면서 살펴보면 효과적일 거 같습니다.

고객 : 예. 잘 알겠습니다. 다음 코칭 때까지 명상 방법에 대해 기초적인 공부를 하고 오겠습니다.

코치 : 그렇게 하기로 하지요. 오늘 더 다루고 싶은 이야기가 있으신지요?

고객 ; 이걸로 충분한 거 같습니다.

코치 : 아까 코칭을 시작할 때, 자신이 왜 승진에서 누락했는지 원인을 살펴보고 앞으로 어떻게 해야 할지에 대한 조언을 듣고 싶다고 하셨는데, 해결이 되셨는지요?

고객 : 코칭을 시작할 땐 그렇게 말씀을 드렸는데, 스트레스 관리를 잘하는 게 제가 진짜로 다루고 싶었던 주제인 거 같습니다.

코치 : 잘 알겠습니다. 그러면, 오늘 대화를 어떻게 마무리할까요?

고객 : 먼저 코치님께 감사드립니다. 제가 승진에 누락해서 심하게 스트레스를 받고 있었는데, 제 감정에 대해 살펴보고, 그 아래에 있는 욕구를 알아차리면서 마음이 한결 편안해졌습니다.

코치 : 마음이 편안해졌고…… 그리고 또 어떤 게 있었나요?

고객 : 오늘 코칭 목표가 스트레스를 관리하는 방법을 알고 싶은 거였는데, 그것도 잘 해결된 거 같습니다. 앞으로 명상하는 방법을 배우고 나면 스트레스 관리도 잘할 수 있을 거 같은 생각이 듭니다.

코치 : 그러시군요. 오늘 코칭을 통해 어떤 걸 얻으셨나요?

고객 : 예. 저의 모든 감정 아래에는 욕구가 있다는 걸 알게 됐고, 그 욕구가 뭔지를 알아차리게 되면 스트레스도 잘 관리할 수 있다는 걸 알게 됐습니다.

코치 : 감정 아래에 있는 욕구를 알아차리는 게 스트레스 관리 방법이라는 걸 알게 되셨군요. 축하드립니다. 그리고 무엇을 실천하기로 하셨나요?

고객 : 자신의 감정을 알아차리고, 그 감정 아래에 있는 욕구를 알아차리는 연습을 지속적으로 하기로 했습니다. 그리고, 다음 코칭 때까지 명상하는 방법에 대해 미리 공부하고 오기로 했습니다.

코치 : 오늘 대화를 통해 고객님 자신에 대해 새롭게 알게 된 건 무엇입니까?

고객 : 제가 지금은 비록 좌절해 있지만, 미래에 대한 희망은 잃지 않았다는 걸 확인했습니다. 그리고 제가 주변 사람들과 좋은 관계를 맺으면서 잘 지내고 싶어 한다는 것도 알게 됐습니다.

코치 : 고객님은 긍정적이고 주변 사람들을 배려하는 분이란 걸 저도 느꼈습니다.

고객 : 감사합니다~~

코치 : 이것으로 오늘 코칭을 마무리해도 될까요?

고객 : 예~ 코치님 오늘 정말 감사합니다~

코치 : 감사합니다~ 다음 코칭에서 뵙겠습니다.

자신감을 회복하는 방법

[Discover : 발견을 격려하기]

코치 : 오늘 어떤 이야기를 해 볼까요?

고객 : 제가 이번에 구조 조정으로 회사를 갑자기 그만두게 됐습니다. 제 나이가 40대 중반인데, 앞으로 어떻게 살아야 할지 막막하기만 합니다.

코치 : 뭐라고 위로를 드려야 할지 모르겠군요. 지난번까지 아무런 말씀이 없었는데 갑작스럽네요.

고객 : 저도 모르고 있었습니다. 워낙 갑작스런 일이라 이게 꿈인지 생시인지 구분을 못할 정도로 어리둥절합니다. 아직 꿈을 꾸는 거 같고 헷갈립니다.

코치 : 어리둥절하고 마음이 많이 불편할 텐데 오늘 코칭을 하는 게 괜찮으시겠습니까?

고객 : 어차피 넘어야 할 산이라면 어쩔 수 없지요. 오늘 코치님과 함께 앞으로 어떻게 살아가야 할지 이야기해 보는 것도 좋을 것 같습니다.

코치 : 어차피 넘을 산이라고 하니까 마음이 짠해집니다~

고객 : 저는 옛날부터 어려운 일이 있으면 혼자 산을 오르면서 생각

을 정리하곤 했습니다. 그래서인지 이번 퇴직도 하나의 넘어야 할 산으로 생각이 됩니다.

코치 : 고객님은 등산을 좋아하시나 보군요.

고객 : 예. 저는 예전부터 등산을 아주 좋아했습니다. 예전엔 달력에 빨간 날은 무조건 산에 갔고, 휴가 때도 지리산 종주를 하거나 설악산 등반을 하곤 할 정도였습니다.

코치 : 그 정도로 산을 좋아하시는군요. 산을 좋아하는 특별한 이유가 있으신가 봐요?

고객 : 예. 가장 큰 이유는 건강에 좋은 건데, 등산은 육체적인 건강뿐만 아니라 정신 건강에도 아주 좋거든요. 정상에 오르기까진 땀을 흠뻑 흘려서 육체적인 건강에 도움이 되고, 정상에 올라서 탁 트인 시야와 아름다운 풍경을 보면 마음이 뻥 뚫리는 거 같고 속이 후련해지는 게 정신 건강에도 매우 좋은 거 같습니다.

코치 : 육체적인 건강과 정신적인 건강을 동시에 챙길 수 있는 게 등산이군요.

고객 : 그런데 등산은 아무리 오래 해도, 처음엔 매번 어려운 게 특징입니다. 산을 오르기 시작해서 처음 15~20분 정도는 아주 힘이 듭니다. 그리고 나선 적응이 되어 괜찮다가, 하산할 때 마지막 20분 정도가 또 아주 힘이 듭니다. 그래서 저는 등산이 마치 인생을 닮았다고 생각합니다.

코치 : 등산이 인생을 닮았다고 하셨는데, 어떤 점이 그런가요?

고객 : 등산을 인생에 비유하는 건 여러 가지 이유가 있는데요. 가장 큰 이유는 어떤 산이라도 올라가면 반드시 내려와야 한다는 겁니다.

코치 : 그렇군요. 올라가면 반드시 내려와야 하는 게 등산과 인생이 닮았네요. 또 어떤 게 있나요?

고객 : 아까도 말했듯이, 초반에 어렵고 중반엔 쉬웠다가 후반엔 다시 어려워지는 게 인생살이와 비슷한 거 같습니다. 그리고 산은 하나만 넘는 게 아니라, 하나를 넘고 나면 또 다른 산이 나타나고, 그 산을 넘고 나면 또 다른 산이 이어지는 게, 마치 인생에 많은 굴곡이 있는 것과 닮았다는 생각이 듭니다.

코치 : 산이 계속 이어져서 나타나는 게 인생의 굴곡과 닮았다는 말이 확 와닿습니다. 여태까지 등산을 좋아하시고 또 많이 하셨는데, 등산의 관점에서 이번 퇴직을 바라보면 어떤가요?

고객 : 예? 등산의 관점에서 이번 퇴직을 바라본다고요? 조금 황당하긴 한데…… 정상에 채 오르지도 못했는데 갑자기 급경사의 내리막이 나타난 거 같습니다.

코치 : 그렇군요. 지금 상황이 갑자기 나타난 급경사의 내리막이군요.

고객 : 그런데 코치님, 순전히 등산의 관점에서만 본다면 급경사의 내리막이 그리 나쁜 것도 아닙니다. 왜냐하면, 내리막이 있으면 내려간 만큼 반드시 올라가게 되어 있고, 올라가면 올라간 만큼 반드시 내려가게 되어 있거든요. 그래서 등산의 관점에

서만 본다면, 갑작스런 내리막은 뭔가 재미있는 일이 생길 수
도 있습니다.

코치 : 그러시군요. 그럼 지금의 급경사 내리막을 어떻게 이해할 수
있을까요?

고객 : 그게…… 지금은 감정적으로 너무 힘들어서 잘 생각이 나지
않습니다.

코치 : 그러시군요~~ 아까, 앞으로 어떻게 살아갈 건지에 대해 이야
기해 보고 싶다고 하셨는데, 오늘 대화를 통해 어떤 걸 얻고
싶으신지요?

고객 : 지금 당장 어떤 해결책이 떠오르지는 않더라도, 앞으로 어떻
게 해야 할지에 대한 방향이라도 잡을 수 있으면 좋겠습니다.

코치 : 해결책까진 아니더라도, 방향은 잡을 수 있으면 좋겠다는 말
씀이군요.

고객 : 예. 그렇게라도 되면 마음이 조금 안정될 거 같습니다.

[Strategy : 전략 수립을 지원하기]

코치 : 그러시군요. 잠시 눈을 감아 보시겠어요.

고객 : 예?

코치 : 잠시 눈을 감고 고객님의 90세 생일을 상상해 보시겠어요?
지금 고객님의 90세 생일 축하 파티를 하고 있습니다. 누가
축하를 해 주고 있습니까?

고객 : 제 아내와 아이들, 손주들이 있고, 친척들도 있는 거 같습니다.

코치 : 그들이 고객님에게 뭐라고 하나요?

고객 : (한참 동안 생각에 잠긴다.) 90세를 살면서 힘든 일도 많았지만, 좋은 일도 많았고, 훌륭한 일도 많이 하신 당신을 존경하고 축하합니다, 라고 말해 주네요. (눈시울이 붉어진다.)

코치 : 지금 눈시울이 붉어지신 거 같은데, 존경하고 축하한다는 인사말을 들으니까 기분이 어떤가요?

고객 : 가슴이 찡하고, 몸에서 후끈하게 열이 납니다. 여러 가지 복잡한 기분이 동시에 밀려오네요. 감격과 안도의 느낌…… 무사히 해냈다는 느낌…… 수고했다는 느낌……

코치 : 그러시군요. 가슴이 찡하고, 몸에서 열이 날 정도이군요. 그러면 지금의 고객님이, 90세의 고객님에게 축하의 말을 건넨다면 뭐라고 해 주겠습니까?

고객 : (한참을 망설인 후에) 90살 동안 살아오느라고 정말 고생이 많았다. 그동안 어려운 일도 많이 있었는데 잘 견뎌 냈고, 꿋꿋하게 가장의 역할을 잘 해냈다. 수고했다~~ 축하한다~~ 고맙다~~~

코치 : 그러시군요. 그러면 이제는 바꾸어서, 90살의 고객님이 지금의 고객님에게 조언을 해 준다면 뭐라고 해 주겠습니까?

고객 : 예? 90살의 제가 지금의 저에게요?

코치 : 예. 90살의 고객님이 지금의 고객님에게 뭐라고 조언을 해 주겠습니까?

고객 : (잠시 생각에 잠긴다.) 지금까지 열심히 살았는데, 앞으로 어떻게

살아갈 건지에 대해 너무 걱정하지 마라. 일단, 자신에게 1년의 안식년 휴가를 줘라. 1년 동안 가고 싶었던 산에 등산도 가고, 못 만났던 친구들도 만나고, 여행도 하고, 가족들과 시간도 많이 가지고, 일단 푹 쉬어라. 당신은 그럴 자격이 충분히 있다. 90세 인생의 관점에서 보면 너무 조급해 할 필요 없다. 쉬면서 생각해도 늦지 않다. 미리 앞당겨서 걱정하지 말고 일단 쉬어라.

코치 : 자신에게 1년의 안식년 휴가를 준다는 게 재미있는 생각이군요. 그리고 또 뭐라고 해 주겠습니까?

고객 : 내가 살아 보니, 걱정을 미리 앞당겨서 한다고 좋을 게 없더라. 절대로 굶어 죽지 않을 테니까 걱정하지 말고 1년 동안은 그냥 해 보고 싶었던 걸 마음껏 해 봐라~

코치 : 고객님, 지금 우리가 하고 있는 대화가 고객님이 원하는 게 맞나요?

고객 : 아~ 예. 약간 당황스러운 내용도 있지만, 재미있습니다. 앞으로 제가 어떻게 해야 할지에 대한 방향을 찾을 수 있겠다는 생각이 듭니다.

코치 : 그러시군요. 만약, 절대로 실패하지 않는다면 무엇을 해 보고 싶은가요?

고객 : 코치님의 질문을 받고 나니, 그동안 제가 실패를 너무 두려워하면서 살았다는 생각이 드네요. 그냥 실패해도 되는데⋯⋯ 너무 소심하게 스트레스를 많이 받고 살았던 거 같습니다. 그

래서 주변 사람들에게 우유부단하고 용기 없는 사람으로 보였을 거고, 그래서 이번 구조 조정에도 포함된 거 아닐까 하는 생각이 듭니다. 좀 더 자신 있고 강인한 사람이 되고 싶습니다. 제일 먼저 백두대간을 종주해 보고 싶습니다.

코치 : 실패를 너무 두려워하면서 살았다는 고객님의 말을 들으니까, 제 가슴이 짠해지는군요~ 고객님, 백두대간 종주를 해 보고 싶다고 하셨는데 백두대간 종주가 어떤 건가요?

고객 : 백두산에서 시작되어 금강산, 설악산, 지리산 등으로 이어지는 우리나라 산맥을 백두대간이라 하는데, 우리나라의 명산은 모두 여기에 포함되어 있습니다.

코치 : 그럼 백두대간을 종주하면 우리나라의 큰 산은 모두 등산하는 셈이 되겠네요.

고객 : 그렇습니다. 우리나라의 크고 험한 산은 모두 등산하게 되겠지요.

코치 : 고객님은 지금보다 더 자신감 있고 강인한 사람이 되기 위해 백두대간을 종주해 보고 싶다는 거군요. 그렇다면, 백두대간 등산을 하는 게 앞으로 살아가는 것과 어떻게 연결되나요?

고객 : 그게 얼핏 보면 아무 관련이 없는 거 같지만, 저에겐 큰 의미가 있는 거 같습니다. 그동안 일만 하느라 가 보지 못한 아름다운 산들을 가 볼 수 있어서 휴가와 보상의 의미도 있을 거 같고, 등산을 하면서 체력도 강인해지고 정신력도 강해져서 앞으로 어떤 어려운 일이 생기더라도 당황하지 않고 자신 있

게 대처할 수 있을 거 같습니다.

코치 : 그렇군요. 고객님에겐 등산이 휴가와 보상의 의미도 있고, 체력과 정신력도 강해지는 방법이군요.

고객 : 그렇습니다. 등산은 처음엔 힘들지만 계속하다 보면 체력이 강해져서 즐거움과 기쁨이 훨씬 더 커지거든요. 등산은 휴식과 트레이닝을 함께 할 수 있는 묘한 방법입니다. 저에게 등산은 휴식인 동시에 도전입니다.

코치 : 그렇군요. 고객님에겐 등산이 휴식인 동시에 도전이군요. 고객님, 백두대간 종주를 마치는 날, 어느 산의 정상에 있을 거 같습니까?

고객 : 글쎄요. 어디서 출발하는지에 따라 다르겠지만, 현재 생각으론 지리산에서 출발해서, 설악산 대청봉에서 마무리를 하고 싶습니다.

코치 : 설악산 대청봉에서 마무리를 하고 싶다…… 고객님, 지금 백두대간 종주를 마무리하는 설악산 대청봉 정상이라고 상상해 보시겠어요?

고객 : (눈을 감고 상상에 잠긴다.) 가슴이 벅차고 온몸에 행복한 기분이 퍼져 옵니다. 빨리 시작하고 싶습니다. 지금은 비록 구조 조정으로 인해 괴롭고 힘들지만, 어차피 몇 년 후엔 그만둬야 할 회사인데, 지금 체력이 될 때 그만두게 되니까, 오히려 백두대간 종주를 해 볼 수 있는 기회가 생기네요~ 어차피 몇 년 후에 그만둘 회사를 지금 그만두는 거에 불과하다는 생각을 하니

까, 조금 전까지 억울하기만 했던 마음이 조금은 풀리는 거 같습니다.

코치 : 억울했던 마음이 조금 풀린다고 하셨는데, 어차피 그만둘 회사인데 퇴직 시점이 몇 년 빨라지는 덕분에 백두대간을 종주할 수 있는 기회가 생겼다는 말로 들리네요.

고객 : 그러네요~ 코치님, 정말 신기합니다. 생각을 이렇게 바꾸니까, 구조 조정을 당한 게 하늘이 무너지는 사건은 아닌 거 같네요. 잘만 대처하면 오히려 더 좋은 기회가 되겠다는 생각이 듭니다.

코치 : 그럼 지금 그만두는 게 오히려 기회가 될 수 있다는 건가요?

고객 : 꼭 그런 건 아니지만, 백두대간을 종주할 수 있다고 생각하니 한편으론 설레는 마음도 있습니다.

[Action & Achieve : 실행하고 성취하게 하기]

코치 : 지금까지 우리가 나눈 대화를 정리해 보시겠어요?

고객 : 코치님, 지금 제 기분이 아주 묘합니다. 처음엔 구조 조정을 당한 당혹감으로 힘들었는데, 그게 오히려 기회가 될 수도 있다고 생각하니, 뭐가 맞는지 당황스럽기도 합니다. 그런데 분명한 것은, 어차피 그만둬야 할 회사를 몇 년 빨리 그만둔 거지, 구조 조정을 당한 게 하늘이 무너지는 큰 사건은 아니라는 겁니다.

코치 : 그러시군요. 생각의 전환이 있으셨군요.

고객 : 한 걸음 더 나아가서, 이게 오히려 백두대간을 종주할 수 있는 기회가 되고, 제 자신에게 휴식과 보상을 주고, 체력을 강화할 수 있는 좋은 기회가 된다는 겁니다. 저의 90살 생일을 상상해 보니, 너무 급하게 달려만 가는 것도 좋지 않겠다는 생각도 하게 됐습니다. 90살을 생각해 보면, 이제 인생의 절반을 살았을 뿐인데요~~

코치 : 이제 인생의 절반을 살았다는 말에서 많은 의미가 느껴지네요.

고객 : 저도 그렇습니다. 여러 가지 감정이 동시에 생기네요.

코치 : 그렇다면…… 고객님, 주변을 한 번 둘러보시겠어요? 뭐가 보이나요?

고객 : 시계가 보입니다.

코치 : 시계가 고객님에게 뭐라고 하나요?

고객 : 예? 시계가요? 아, 예~ 이제 인생의 절반밖에 살지 않았다. 앞으로 더 흥미진진한 일이 생길 거니까, 인생에 대한 호기심을 가져라~

코치 : 시계가 인생에 대한 호기심을 가지라고 하는군요. 또 뭐가 보이나요?

고객 : 형광등이 보입니다.

코치 : 형광등이 고객님에게 뭐라고 하나요?

고객 : 화려하진 않아도, 은은하고 밝게 주위를 비춰 주는 형광등처럼, 당신도 주변을 밝게 비춰 주고 있다는 걸 알고, 자부심을 가져라~~ 당신이 가족들이나 주변 사람들에게 헌신적이고

따듯한 사람이라는 건 자신도 잘 알고 있지 않은가?

코치 : 형광등이 자부심을 가지라고 하는군요. 그리고 또 뭐가 보이나요?

고객 : 큰 거울이 보입니다.

코치 : 거울이 고객님에게 뭐라고 하나요?

고객 : 당신은 지금까지 자녀들에게 거울이 되어 주었다. 앞으로도 자신감과 자부심을 가지고 주변 사람들에게 거울 같은 존재가 되라.

코치 : 고객님, 지금 시계와 형광등 그리고 거울의 말을 들었는데, 기분이 어떤가요?

고객 : 코치님, 구조 조정을 당한 게 지금 당장은 힘들지만, 인생 전체로 보면 아무것도 아니라는 생각이 듭니다. 이 사건으로 저의 인생 전체를 형편없는 것으로 규정하지 말고, 더 행복하고 아름다운 인생으로 만드는 기회로 삼아야 하겠다는 생각이 듭니다.

코치 : 그러시군요. 고객님은 지금 구조 조정이 가진 양면성을 파악하고, 앞으로 어떻게 해야 할지 방향을 잡은 것으로 느껴지는군요.

고객 : 그렇습니다. 이번 일을 계기로 한 박자 쉬어 가고, 더 멀리 가기 위한 에너지를 보충하는 시간으로 만들어야 할 거 같습니다.

코치 : 지금이 한 박자 쉬어 가고 더 멀리 가기 위한 에너지를 보충하는 시간이 될 수 있군요. 그러시군요. 혹시 더 다루고 싶은 게

있으신지요?

고객 : 오늘은 이 정도로 충분한 거 같습니다. 코치님께 감사드립니다~~ 오늘 코칭을 시작할 땐 마음이 너무 힘들었는데 지금은 감정이 많이 회복됐고 앞으로 어떻게 해야 할지 방향도 잡은 거 같습니다. 감사합니다~

코치 : 그러시군요. 감정도 회복되고 앞으로의 방향을 잡으셨다니 축하드립니다. 그렇게 되기 위해 앞으로 무엇을 하기로 했나요?

고객 : 예~ 일단, 백두대간 종주를 시작하기로 했습니다.

코치 : 백두대간 종주…… 멋있습니다~ 언제부터 시작하실 건가요?

고객 : 일단 등반 계획도 짜야 하고, 그동안 못 만났던 사람들도 만나고 싶고…… 한 달 후쯤에 시작할 수 있을 것 같습니다.

코치 : 그동안 못 만났던 사람들도 만나고 싶다고 하셨는데, 한 달 후에 시작하는 데 애로사항은 없을까요?

고객 : 예. 충분할 거 같습니다. 지금 저의 마음가짐이면 어떤 애로사항도 헤쳐 나갈 수 있을 거 같습니다.

코치 : 잘 알겠습니다. 그럼, 오늘 코칭을 마무리해도 될까요?

고객 : 예. 좋습니다.

코치 : 오늘 대화를 통해 무엇을 얻었습니까?

고객 : 구조 조정을 당한 당혹하고 힘든 감정에서 벗어나서, 앞으로 어떻게 해야 할지에 대한 방향을 잡은 게 가장 큰 거 같습니다.

코치 : 그러시군요. 지금의 상황에 대해 어떤 인식의 전환이 있었습니까?

고객 : 지금 상황이 무조건 힘들고 나쁜 것만은 아니다. 어떻게 대처하는지에 따라 얼마든지 좋은 기회가 될 수 있다. 상황은 내가 어떻게 해석하고, 어떻게 행동하는지에 따라 얼마든지 달라진다는 걸 깨달았습니다.

코치 : 그러시군요. 오늘 대화를 통해 고객님 자신에 대해 새롭게 알게 된 건 무엇인가요?

고객 : 제가 겉으로는 부드럽게 보이지만, 속으로는 매우 강인한 정신력을 가지고 있다는 걸 알게 됐고, 주변에 헌신적인 사람이 되고 싶어 한다는 것도 알게 됐습니다.

코치 : 제가 본 고객님은 자신의 감정에 휘둘리지 않고, 현재의 상황을 객관적으로 받아들이고 미래를 긍정적으로 준비할 줄 아는 분으로 느껴졌습니다. 차분하면서도 강인한 힘이 느껴졌습니다.

고객 : 감사합니다~

코치 : 감사합니다~

인간관계를 잘하는 방법

[Discover : 발견을 격려하기]

코치 : 오늘 어떤 이야기를 해 볼까요?

고객 : 요즘 직장 생활이 너무 재미없고 힘이 듭니다. 어떻게 하면 직
　　　장 생활을 재미있게 할 수 있는지에 대해 코칭 받고 싶습니다.

코치 : 조금 자세하게 말씀해 주실래요?

고객 : 저는 직장 생활을 하면서 인간관계를 매우 중요하게 생각하
　　　는데, 요즘에 동료들과 사이가 멀어진 거 같고, 서먹서먹한 게
　　　너무 힘이 듭니다.

코치 : 인간관계를 중요하게 생각하는데, 동료들과 사이가 멀어진
　　　거 같아서 힘들다는 말씀이시군요. 어떤 일이 있으셨는지요?

고객 : 저하고 친하게 지내던 동료 A가 제 험담을 하고 다니는 거 같
　　　아서 너무 화가 나고 속이 상합니다.

코치 : 저런~ 친하게 지내던 동료가 고객님의 험담을 하고 다니는
　　　걸 알게 됐다면 너무 화나고 속이 상할 거 같군요. 어떤 일인
　　　지 조금 자세하게 말해 줄 수 있는지요?

고객 : 얼마 전부터 팀장님이 저를 대하는 태도가 예전 같지 않다는
　　　걸 느꼈습니다. 예전에는 제가 보고를 하면, 아이디어가 좋다

고 칭찬을 하거나 격려를 아끼지 않았는데, 요즘에는 뭔가 새로운 게 없는지 채근하기도 하고, 요즘 많이 바쁘냐고 묻기도 하는 게 제가 하는 일이 뭔가 마음에 들지 않는다는 느낌이었습니다. 그래서 이상하게 느끼고 있던 차에 다른 동료 B가 저에게 동료 A가 팀장님에게 제 험담을 하고 다닌다고 말해 주었습니다. 곰곰이 생각해 보니, 그 시점부터 팀장님이 저를 대하는 태도가 바뀐 거 같았습니다. 동료 A의 험담 때문이 아닐까 하는 생각이 들면서, 괘씸하기도 하고 너무 괴롭습니다.

코치 : 괘씸하기도 하고 괴롭다고 하시니 뭐라고 위로를 드려야 할지 모르겠네요. (잠시 침묵) 그런데 누구에게 괘씸한 건가요?

고객 : (당황해 하면서) 예? 그건 너무 당연한 거 아닌가요? 제 험담을 하고 다닌 동료 A에게 괘씸한 거지요.

코치 : 그러시군요. 팀장님도 있고, 동료 B도 있는데, 동료 A에게 괘씸하신 거군요.

고객 : 예? 코치님의 말을 들으니까 뭔가 이상한 거 같기도 하네요.

코치 : (잠시 침묵) 어떤 점이 이상하게 느껴지나요?

고객 : 문득, 지금 제가 동료 B의 말에 너무 휘둘리고 있는 건 아닌가 하는 생각이 듭니다.

코치 : 동료 B에게 휘둘리고 있다는 건 무슨 뜻인가요?

고객 : 사실, 동료 B의 말만 제외하고 나면, 저와 동료 A 사이에는 아무 문제가 없거든요. 며칠 전에 저녁 식사도 함께 하면서 즐거운 시간을 가졌고, 서로의 업무에 대해 협조도 잘하고 있는데,

동료 B의 말 한 마디에 모든 게 무너진 거 같거든요. 이게 뭐지? 하는 생각이 들기도 하고, 동료 A가 제 험담을 하고 다닌다는 것도 잘 이해가 되지 않습니다. 그럴 이유가 전혀 없고, 저와 관계도 좋은데…….

코치 : 뭔가 이해가 잘되지 않는다는 말로 들리네요.

고객 : 그렇습니다. 이게 도대체 뭐가 진실인지, 내가 뭘 염려하고 있는 건지, 내가 뭘 원하는 건지 혼란스럽습니다.

코치 : 그러시군요. 예전에 이와 비슷한 경우가 있었는지요?

고객 : (단호하게) 저는 제3자가 전해 주는 말에는 별로 신경 쓰지 않기 때문에, 이럴 때는 그냥 담담하게 지나가곤 했습니다.

코치 : 예전엔 제3자가 전해 주는 말에 대해, 담담하게 지나가곤 했는데 지금은 그렇지 않다는 건가요.

고객 : (씁쓸한 미소를 지으며) 그러네요.

코치 : 지금 미소를 지었는데, 어떤 의미인지요?

고객 : 그게 좀 엉뚱하긴 하지만, 이 모든 게 외부의 문제가 아니라, 제 내면의 문제가 아닌가 하는 생각이 들었습니다.

코치 : 외부의 문제가 아니라, 내면의 문제라는 건 무슨 뜻인가요?

고객 : 사실, 요즘 제가 하고 있는 프로젝트가 난관에 봉착해 있거든요. 그래서 제가 많이 예민해 있는 거 같습니다. 별것 아니게 넘어갈 수 있는 것도 심각하게 고민하는 거 같기도 하고, 팀장님에게 인정받지 못할까 봐 두려워하는 마음도 있고, 동료들이 저를 무시하지는 않을까 염려하는 마음도 있는 거 같습니

다. 그래서 제가 예민하게 반응하고 있는 건 아닌지 하는 생각이 살짝 들었습니다.

코치 : 그 짧은 순간에 자신에 대해 성찰을 하셨군요. 그렇다면, 평소의 자신감이 넘치는 고객님은 이럴 때 어떻게 하셨을까요?

고객 : (미소를 지으며) 그건 말할 것도 없습니다. 저는 제3자가 전해 주는 말에는 신경을 쓰지 않기 때문에, 평소의 저라면 그냥 흘려버리고 담담하게 생활했을 겁니다.

코치 : 제3자가 전해 주는 말에 신경을 쓰지 않는 건 정말 어려운데, 대단하시군요.

고객 : 그렇지 않습니까? 직접 들은 말도 아니고, 제3자가 전하는 말에 쉽게 흔들린다면 어떻게 사회 생활을 할 수 있겠습니까? 제가 성인군자도 아니고, 저라고 왜 단점이 없겠습니까? 그걸 가지고 사람들이 뒷담화를 하는 건 너무 당연하지 않습니까? 저도 뒷담화를 많이 하는데요. 코치님은 뒷담화하는 재미를 모르시나요? 직장에서 상사나 동료들 뒷담화를 하면서 스트레스를 풀기도 하고, 그 덕분에 힘든 직장 생활을 할 수 있는 힘이 생기는 거 아니겠습니까? 사실, 뒷담화를 하는 사람이 나쁜 게 아니라, 그걸 전해 주는 사람이 나쁜 거지요. 자기도 같이 뒷담화를 하고 나서, 돌아서서 그걸 일러바치는 사람을 저는 별로 신뢰하지 않거든요.

코치 : 재미있군요. 고객님도 뒷담화를 많이 하는 편인데, 뒷담화를 하는 게 나쁜 게 아니라 그걸 일러바치는 사람이 더 나쁘다는

거군요. 그러면 이번 경우에 고객님이 원하는 모습은 어떤 건가요?

고객 : 제가 원하는 모습이요? (미소를 지으며) 동료 B의 말은 그냥 흘려보내고, 동료 A와 더 많이 대화하면서 사이좋게 지내고, 팀장님에겐 인정받는 사람이 되는 거지요. 사실, 동료 A가 제 험담을 했다는 게 사실인지 아닌지도 모르는 거고, 동료 A의 험담 때문에 저를 대하는 팀장님의 태도가 변했다는 것도 그냥 제 추측에 불과한 거 아니겠습니까?

코치 : 고객님의 말에서 뭔가 자신감이 느껴지는 거 같군요.

고객 : 아까 제가 힘들어하는 게 인간관계라고 말씀을 드렸는데, 사실은 어려운 프로젝트 때문이라는 생각이 들었습니다. 이럴 때일수록 프로젝트를 잘하기 위해 힘을 써야지, 쓸데없이 다른 사람이 나를 험담하고 다닌다든지, 그거 때문에 내가 팀장님의 신뢰를 잃었다든지 하는 생각에 사로잡혀 있으면 더 어려워지기만 하지 않겠습니까? 쓸데없는 고민은 툭툭 털어 버리고, 일을 더 잘할 수 있는 방법에 대해 고민해야겠다는 생각이 들었습니다.

코치 : 그렇군요. 고객님이 원하는 그 상태를 한 단어로 말한다면 어떻게 표현할 수 있을까요?

고객 : 툭툭 털어 버린 상태? 흘려보내는? 담담한? 일에 더욱 몰두하는? 여러 가지 생각이 드네요. 한 단어로 말하기가 어렵군요.

코치 : 그럼, 한 문장으로 말해 보시겠어요?

고객 : 다른 사람의 말에 휘둘리지 않고, 담담하게 자신의 일에 전념하는 모습이라고 말할 수 있을 거 같은데요.

코치 : 그걸 이미지로 표현해 볼 수 있을까요?

고객 : 무소의 뿔처럼 혼자서 가라는 말이 떠오릅니다.

코치 : 휘둘리지 않고, 흔들리지 않고, 힘차게 나아가는 무소의 뿔이군요.

고객 : 무소의 뿔, 괜찮은 거 같은데요.

[Strategy : 전략 수립을 지원하기]

코치 : 고객님의 표정이 많이 밝아지신 거 같군요.

고객 : 예. 지금 이 상황이 뭐가 뭔지 이해가 잘되지 않았는데, 제가 뭘 원하고 있는지 알게 돼서 마음이 조금 가벼워진 거 같습니다. 아직 모든 게 해결된 상태는 아니지만, 적어도 제가 뭘 혼란스러워 하고 있는지는 알게 된 거 같습니다.

코치 : 아직 모든 게 해결된 상태는 아니라고 했는데, 어떤 걸 해결하고 싶은가요?

고객 : 제일 먼저, 제가 왜 팀장님에 대해 불안해 하는지, 그 이유를 알아야 할 거 같습니다.

코치 : 예전엔 팀장님의 인정과 지지를 받았는데, 지금은 불안을 느끼고 있는 이유가 뭐라고 생각되나요?

고객 : 여러 가지 생각이 떠오르는데, 일단은 프로젝트가 잘 진행되지 않아서 그런 거 같고, 또 요즘에 팀장님과 대화하는 시간이

거의 없어서 그렇다는 생각이 들기도 하고, 그래서인지 팀장님이 저에게 뭘 원하는지도 잘 모르겠다는 생각이 들기도 합니다. 아직도 혼란스럽네요.

코치 : 만약 고객님과 똑같은 상황에 놓여 있는 후배가 있다면, 뭐라고 조언을 해 주시겠습니까?

고객 : 저와 같은 상황에 있는 후배에게요? 그 친구도 꽤 혼란스럽겠네요. 일단, 자연스럽게 팀장님과 대화할 수 있는 시간을 많이 가지라고 말해 주고 싶습니다. 대화를 해 봐야지 팀장님이 무슨 생각을 하고 있는지 알 수 있고, 팀장님이 염려하는 게 뭔지도 알 수 있지 않겠습니까? 아~ 지금 말하면서 생각이 났는데, 요즘 임원 승진 심사를 하는 기간이라 팀장님도 마음이 많이 불안할 거 같네요. 그런데 저는 그것도 모르고 저에게 칭찬해 주고 격려해 주기만 기대한 거 같습니다. 팀장님의 입장에서 불안한 게 무엇이고, 염려되는 게 무엇인지, 팀장님이 기대하는 게 뭔지에 대해 전혀 생각해 보지 않은 거 같습니다. 완전히 제 입장만 생각했네요. 갑자기 부끄러워집니다. 제가 너무 이기적인 거 같다는 생각이 듭니다.

코치 : 고객님은 성찰을 매우 잘하시는군요.

고객 : 코치님이 그렇게 말해 주니까 더 부끄러워지는데요.

코치 : 팀장님과 대화를 더 많이 해야 팀장님이 원하는 게 뭔지, 불안해하는 게 뭔지를 알 수 있다. 그러니까 대화를 많이 해야 한다는 말로 들립니다.

고객 : 그렇습니다. 지금이 팀장님에겐 정말 중요한 시기일 텐데, 제가 팀장님 입장은 전혀 생각하지 않은 거 같습니다. 이럴 때 업무로 인한 스트레스를 받지 않도록 해 드려야 하는데 제가 어리광을 부리고 있는 거 같습니다.

코치 : 팀장님 입장에서 생각하면서 일을 하고, 팀장님과 더 많은 대화를 하는 게 필요하다는 거군요.

고객 : 그렇습니다. 제 업무로 인해 팀장님이 스트레스를 받지 않도록 제가 더 잘해야 한다는 생각도 듭니다.

코치 : 잠깐만 정리를 해 보지요. 처음에 대화를 시작할 때는 인간관계가 힘들어서 직장 생활이 재미없고 힘들다고 했는데, 지금은 어떤가요? 지금 대화가 고객님이 원하는 방향으로 진행되고 있나요?

고객 : 그렇습니다. 제가 원하는 방향으로 진행되고 있는 거 같습니다. 처음엔 직장 생활이 재미없고 힘든 이유가 동료의 험담 때문이라고 생각했는데, 알고 보니 제가 업무에 대한 자신감이 부족하고, 팀장님과 소통이 부족한 게 제 불안의 이유라는 걸 알게 됐습니다.

코치 : 지금보다 훨씬 자신감이 충만한, 평소의 고객님이라면 무엇을 더 해 보겠습니까?

[Action & Achieve : 실행하고 성취하게 하기]

고객 : 지금보다 훨씬 자신감이 충만하다면 망설일 게 없을 거 같습

니다. 추측하거나 고민하지 말고, 수시로 팀장님을 찾아가서 대화를 나눌 거 같습니다. 팀장님이 어떤 고민을 하고 있는지도 물어보고, 팀장님을 도울 수 있는 게 뭐가 있을지도 생각해 보는, 역지사지하는 태도로 생활할 거 같습니다.

코치 : 고객님처럼 자신에 대해 역지사지하는 후배가 있다면 든든할 거 같은데요.

고객 : 사실, 인간관계의 기본은 역지사지라는 걸, 우리는 초등학교 때부터 배워서 잘 알고 있는데 실천이 어려운 거 아니겠습니까?

코치 : 그렇지요. 알고는 있는데 실천이 어려운 거지요. 그렇다면, 고객님이 지금보다 10배 더 실행력이 강하다면 어떻게 해 보고 싶은가요?

고객 : 10배 더 실행력이 강하다면, 팀장님뿐만 아니라, 모든 사람을 대할 때, 역지사지하는 자세로 관계를 맺을 거 같습니다. 그런데, 역지사지는 자신에 대한 기본적인 자존감이 있어야 가능하겠지요.

코치 : 자신에 대한 기본적인 자존감입니까?

고객 : 그렇습니다. 인간관계뿐만 아니라 모든 게 자존감과 자신감이 있어야 되는 거 아니겠습니까? 곳간에서 인심이 나온다고 했는데, 자신감이 없으면 매사에 휘둘리지 않겠습니까?

코치 : 지금 고객님이 말씀하시는 키워드가 역지사지와 자신감이라고 이해하면 되겠습니까?

고객 : 그렇습니다. 역지사지와 자신감입니다.

코치 : 그렇다면, 어떻게 하면 자신감을 가질 수 있고, 역지사지할 수 있는지, 그 방법을 알고 실천하는 게 관건이겠군요.

고객 : 그런데 그게 별로 어렵지 않습니다. 제 경우엔 대화를 많이 하니까 역지사지하게 되고 자신감도 생기더라고요.

코치 : 대화를 많이 하면 역지사지하게 된다는 건 이해가 되는데, 대화를 많이 하면 자신감이 생긴다는 건 생소하군요.

고객 : 대화를 하다 보면 상대방에 대해 알게 될 뿐만 아니라, 말을 하면서 자기 생각이 정리되기도 하고, 자기가 뭘 원하는지도 알게 되고, 자기가 어떤 상태에 있는지도 알게 되지 않습니까? 저의 경우엔 말하면서 생각이 정리되고, 대화하면서 아이디어가 떠오르기도 하고, 대화를 통해 지식과 지혜를 얻는 경우가 많기 때문에, 그런 과정을 통해 자신감이 많이 생기는 거 같습니다. 그래서 저는 모든 길은 로마로 통하는 게 아니라, 모든 길은 대화로 통한다고 말하고 싶습니다. 저에겐 대화를 많이 하는 게 일을 열심히 하는 것이고, 인간관계를 좋게 하는 방법인 거 같습니다. 사실, 저는 수다를 떨면서도 많은 걸 배우거든요. 그리고 한참 동안 수다를 떨고 나면 에너지도 충만해집니다. 물론, 그렇지 않은 사람도 있겠지만 저는 대화를 많이 하는 게 비결인 거 같습니다.

코치 : 지금은 에너지가 어떤가요?

고객 : (웃으면서) 에너지가 마구 샘솟습니다.

코치 : 고객님이 에너지가 마구 샘솟는다고 하니까 저도 기분이 좋습니다. 그럼, 우리 대화를 정리해 볼까요? 오늘 대화를 통해 고객님의 지금 상황에 대해 관점이 전환된 것은 무엇입니까?

고객 : 동료의 험담 때문에 직장 생활이 힘들다고 생각했는데, 그건 순전히 저의 추측이었고, 대화가 부족해서 생긴 불안이라는 걸 알게 됐습니다. 대화를 하지 않으니까 상대방의 생각을 알지 못하고, 제 마음속에서 불안을 키운 거 같습니다.

코치 : 고객님은 역시 성찰을 잘하시는군요. 그러면, 오늘 대화를 통해 고객님 자신에 대해 알게 된 것은 무엇인가요?

고객 : 평소에도 알고 있었지만, 저에겐 대화가 정말 중요하다는 걸 알게 됐습니다. 저는 대화를 통해 상대방을 이해하고, 대화를 하면서 지식도 얻고 지혜도 얻는 사람이라는 것도 다시 한 번 확인했습니다.

코치 : 대화를 하면서 지혜도 생기는군요. 그러면 앞으로 어떻게 하고 싶은가요?

고객 : 조금이라도 궁금한 것이 있으면 주저 없이 물어보고, 상대방에게 섭섭한 마음이 생길 때도 대화를 시도하고, 혼자서 고민하지 말고 대화를 통해 모든 걸 풀어야 하겠다는 생각이 듭니다.

코치 : 그러시군요. 주저 없이 대화를 시도하겠다는 말이 인상적으로 들립니다. 꼭 그렇게 되시기를 응원하겠습니다. 이제 대화를 어떻게 마무리하고 싶은지요?

고객 : (크게 웃으면서) 오늘도 코치님과 대화를 하면서 저의 문제가 해결됐습니다. 감사합니다. 코치님과 더 오랫동안 대화를 하고 싶은데, 이제 마쳐야겠지요?

코치 : 그러시군요. 그럼 이것으로 대화를 마무리할까요?

고객 : 감사합니다.

믿고 따를 수 있는 사람 되기

[Discover : 발견을 격려하기]

코치 : 안녕하세요?

고객 : 반갑습니다.

코치 : 이번에 팀장으로 승진하셨다고 들었습니다. 축하드립니다.

고객 : 감사합니다.

코치 : 고객님은 어떤 걸 잘해서 팀장으로 승진하셨나요?

고객 : 뭐, 특별하게 잘했다기보다 때가 돼서 승진한 거 같습니다.

코치 : 겸손하시군요. 다른 사람들이 말하는 고객님의 강점은 무엇
인가요?

고객 : 대놓고 저에게 강점이라고 말해 주는 사람은 없지만, 대체로
제가 추진력이 강하다는 말은 많이 들은 거 같습니다.

코치 : 추진력이 강하다는 말을 많이 들으셨군요. 그리고 또 어떤 강
점이 있나요?

고객 : 제가 분석을 잘하고 전략적이라는 말도 들은 거 같습니다.

코치 : 추진력, 분석, 전략적인 것들이 어우러져서 성과를 잘 낼 수
있었고, 그 덕분에 팀장으로 승진하신 거군요.

고객 : 그런 거 같습니다.

코치 : 그러시군요. 다시 한 번 축하드립니다. 오늘은 어떤 주제로 이
야기를 하고 싶은지요?

고객 : 어떻게 하면 팀장의 역할을 잘할 수 있는지에 대해 이야기를
해 보고 싶습니다.

코치 : 팀장의 역할을 잘하고 싶으시군요. 팀장이 되고 나니까 마음
이 어떠세요?

고객 : 그게, 좀 복잡하네요. 한편으론 기분이 좋기도 하지만, 한편으
론 또 염려도 많이 됩니다.

코치 : 조금 자세하게 말해 주실래요?

고객 : 팀장이 되니까 좀 더 큰 시각에서 업무를 대할 수 있고, 주어
지는 권한도 많아져서 주도적으로 의사 결정을 하고 업무를
추진할 수 있는 건 좋은데, 저 혼자 열심히 한다고 되는 건 아
닌 거 같습니다. 제 고유 업무를 잘해야 하는 건 물론이고, 팀
원들의 업무도 챙기고 도와줘야 하는데, 사람마다 스타일도
다르고 역량도 다르고 열정도 달라서, 팀원들 각자에게 맞는
방식으로 대하는 게 정말 어려운 거 같습니다.

코치 : 주도적으로 의사 결정 할 수 있는 건 좋지만, 팀원들 각자의
스타일에 맞게 대하는 게 어렵다는 말이군요.

고객 : 그렇습니다. 팀장에게 기대하는 것도 사람마다 정말 다르더
라고요. 어떤 사람은 믿고 맡겨 주면 자기에게 무관심하다고
생각하고, 어떤 사람은 챙겨 주고 도와주면 간섭한다고 생각
하더라고요. 어느 장단에 맞춰야 할지 정말 어렵습니다.

코치 : 그러시군요. 팀원들 각자의 스타일에 맞게 대해야 하는 게 쉽지 않으시군요. 고객님은 팀원들에게 어떤 팀장으로 인정받고 싶으세요?

고객 : 뭐, 큰 기대는 하지 않습니다. 그냥 믿고 따를 수 있는 선배라는 말을 듣고 싶습니다.

코치 : 믿고 따를 수 있는 선배는 어떤 건가요?

고객 : 투명하고 유연한 선배가 아닐까 합니다.

코치 : 조금 자세하게 말해 주실래요?

고객 : 제가 팀장으로 승진했을 때 저의 아버님이 해 주신 말씀인데요, 투명하고 유연하게 일하라는 겁니다. 투명하게 일하는 건, 이 세상에 비밀이란 없으니까 제가 하고 있는 일이 뉴스에 나더라도 전혀 거리낌이 없도록 정직하게 일하라는 뜻이고, 유연하게 일하는 건, 자기 고집만 피우는 멍청한 팀장이 되지 말라는 뜻입니다.

코치 : 아버님의 말씀에서 뭔가 깊이가 느껴지는데요. 조금 더 자세하게 말씀해 주실래요?

고객 : 투명하게 일하는 건, 말 그대로 거짓말을 하지 않고 겉과 속이 다르지 않게 일하라는 것입니다. 제가 하는 일에 대해 모든 사람들이 보고 있다는 생각으로 진실하게 일하라는 것이지요.

코치 : 투명하게 일한다는 게 진실하게 일하는 거군요.

고객 : 그렇습니다. 저에겐 투명하다는 말이 가슴에 확 와닿았습니다.

코치 : 저에게도 뭔가 울림이 있군요.

고객 : 그리고 유연하게 일한다는 건 자기 고집을 피우지 않고 다른 사람의 의견을 열린 마음으로 받아들이라는 뜻인데, 아버님은 황희 정승의 일화를 예로 들어 말씀해 주셨습니다.

코치 : 황희 정승의 일화가 궁금하군요.

고객 : 비가 몹시 내린 어느 날, 황희 정승에게 하인이 찾아와서 말했습니다. "대감마님, 어젯밤에 비가 너무 많이 와서 삼각산이 무너졌다고 합니다." 황희 정승이 대답했습니다. "그래, 어젯밤에는 정말 비가 많이 왔지. 삼각산이 제 아무리 튼튼하다고 해도 그런 억수같은 비에 무너지지 않을 수 없지." 잠시 후에 다른 하인이 와서 말했습니다. "대감마님, 어젯밤에 그렇게 비가 억수같이 내렸는데도 삼각산은 무너지지 않았다고 합니다." 이 말을 들은 황희 정승이 대답했습니다. "그러면 그렇지. 그렇게 튼튼한 삼각산이 그깟 비에 무너질 리가 있나." 처음부터 옆에서 듣고 있던 아들이 말했습니다. "아버님, 아까는 삼각산이 아무리 튼튼해도 그 많은 비가 내렸으니 무너질 수밖에 없다고 하시고, 지금은 또 아무리 비가 많이 내려도 그 튼튼한 삼각산이 무너질 리가 없다고 하시니, 옆에서 듣고 있는 제가 너무 헷갈립니다. 아버님의 본심은 무엇입니까?" 황희 정승이 태연하게 대답했습니다. "그래, 옆에서 듣고 있으려니까 네가 많이 답답했겠구나."

코치 : 재미있는 일화이군요. 그런데 뭔가 교훈이 있는 거 같습니다.

고객 : 그렇습니다. 자기 생각만 옳다고 고집을 부리는 사람이 세상

에서 제일 멍청한 사람이고, 시간이 지날수록 외톨이가 된다. 쓸데없는 고집부리지 말고, 법과 도덕과 윤리에 어긋나지 않는 한, 다른 사람의 의견을 최대한 존중하라는 뜻입니다.

코치 : 투명하고 유연하게 일한다는 게 정말 깊이가 있는 말이군요.

고객 : 그렇습니다. 그렇게 하면 팀원들이 믿고 따르는 팀장이 될 수 있지 않을까요?

코치 : 그렇군요. 그럼, 상사들에겐 어떤 팀장으로 인정받고 싶은가요?

고객 : 상사들이요? 그것도 똑같은 거 같은데요. 믿고 맡겨 놓아도 안심이 되는 후배, 믿을 수 있는 후배, 이런 인정을 받으면 좋을 거 같습니다.

코치 : 고객님은 믿음을 중요하게 생각하시는군요.

고객 : 그렇습니다. 모든 인간관계의 기본은 믿음이고, 조직 생활의 기본도 믿음이라고 생각합니다. 서로 믿어야 함께 일할 수 있고, 함께 협력할 수 있지 않겠습니까?

코치 : 고객님은 후배들에겐 믿고 따를 수 있는 선배, 상사들에겐 믿고 맡길 수 있는 후배가 되고 싶으시군요.

고객 : 그렇습니다. 투명하고 유연하게 일한다면 그렇게 될 수 있을 거 같습니다.

코치 : 그렇게 믿을 수 있는 사람이 되는 건, 고객님에게 어떤 의미가 있을까요?

고객 : 생각만 해도 기분이 좋아집니다. 일단은 분위기 좋게 일할 수

있을 거고, 서로 믿고 돕기 때문에 자연스럽게 성과도 좋아질 거 같은데요.

코치 : 좋은 분위기에서 일하면서, 좋은 성과를 낼 수 있는 거군요.

고객 : 그게 바로 사는 맛 아니겠습니까?

코치 : 그렇군요. 그게 바로 사는 맛이군요. (잠시 침묵) 그렇게 되기 위해 지금까지 하던 일이나 행동 중에서 다르게 해야 할 게 있다면, 무엇일까요?

[Strategy : 전략 수립을 지원하기]

고객 : 다르게 해야 하는 거라면, 지금보다 위임을 더 많이 하고 싶습니다. 제가 직접 처리하면 빨리 할 수 있는 일이라고 해서, 언제나 제가 처리해 버린다면 팀원들은 중요한 일을 접할 기회를 얻지 못할 거고, 그렇게 되면 사기도 떨어질 거고, 또 성장하기도 어려울 거 같습니다. 비록 제가 할 수 있는 일이라도, 비록 중요한 일이지만 긴급한 일이 아니라면 팀원들에게 위임을 하는 게 중요할 거 같습니다.

코치 : 중요하지만 긴급한 일이 아니라면 더 많이 위임을 하고 싶다는 거군요.

고객 : 그렇습니다.

코치 : 고객님이 지금 처리하고 있는 일 중에서 중요하긴 하지만 긴급하지 않은 일이 얼마나 되나요?

고객 : 그게 문젭니다. 제가 하고 있는 일의 대부분이 중요하면서도

긴급하거든요. 그래서 위임을 해야 한다는 걸 알면서도, 제가 직접 처리해 버리곤 하는데 악순환의 연속입니다.

코치 : 위임을 하고 싶지만, 위임할 수 없는 상황이라고 느껴지네요.

고객 : 그렇습니다. 그렇지만 상황을 탓하고만 있으면 더 이상 발전하기 어렵습니다. 뭔가 특단의 조치를 취해야 합니다.

코치 : 그렇군요. 여태까지 경험했던 선배 팀장들은 이럴 때 어떻게 했나요?

고객 : 그게, 많은 생각이 드네요. 상황 탓만 하면서 결국은 변화하지 못하고 일에 치여서 허덕이는 선배 팀장도 봤고, 과감하게 위임하고 공포의 시간을 견디면서 기다려 주는 선배 팀장도 봤습니다.

코치 : 공포의 시간을 견딘다는 말이 재밌게 들립니다. 조금 자세하게 말씀해 주실래요?

고객 : 모든 게 중요하면서도 긴급한 일이긴 한데, 그중에서 비교적 덜 긴급한 일은 제가 비록 윗사람에게 깨지더라도, 팀원들을 믿고 맡기는 겁니다. 이때, 맡겨 놓고 기다리는 시간이 바로 공포의 시간입니다. 잘못되면 어쩌지 하는 불안과 상사에게 깨질 것 같은 걱정을 견디면서 기다리는 시간입니다.

코치 : 상사에게 깨질지도 모른다는 공포를 견디는 거군요?

고객 : 그렇습니다. 지금 생각해 보니, 저에게 일할 기회를 주려고 자신의 상사에게 깨지는 걸 묵묵히 견뎌 낸 선배 팀장 덕분에 제가 성장할 수 있었다는 생각이 드네요.

코치 : 고마운 선배군요.

고객 : 뭐, 꼭 그런 선배만 있었던 건 아닙니다. 자신이 깨지기 싫어 서 자기가 모든 업무를 움켜쥐고 있던 팀장에게선 중요한 일 을 할 기회를 얻지 못했고, 성장하지 못했던 경험도 있습니다.

코치 : 그럼에도 불구하고, 고객님은 자신이 깨질지도 모른다는 공 포를 견디면서 팀원들에게 성장의 기회를 주고 싶은 거군요.

고객 : 그렇습니다. 지금 대화를 나누면서 생각이 났는데, 중요하긴 하지만 비교적 덜 긴급한 일은 팀원들에게 맡겨야겠습니다. 비록 상사에게 제가 깨지는 일이 있더라도…… 그래야 팀원 들도 성장할 수 있고, 저도 다른 창의적인 일을 할 수 있는 시 간적 여유가 생길 거 같습니다.

코치 : 깨지는 염려를 견디는 덕분에 창의적인 일을 할 수 있는 시간 적 여유를 얻는 거군요. 멋지네요~ 그리고 또 뭘 다르게 해 보 고 싶은가요?

고객 : 제가 성격이 급해서 일을 시킬 때 전후 사정을 말해 주지 않고 다짜고짜로 업무 지시를 하는 경향이 있는데, 조금 더 친절해 야 할 거 같습니다.

코치 : 친절하다는 게 무슨 뜻인가요?

고객 : 업무 지시를 할 때, 그 일을 하는 이유가 무엇인지, 일의 배경 과 목적은 무엇인지, 일을 해야 하는 범위, 마감 일정 등 제가 알고 있는 모든 정보를 팀원에게도 알려 주고, 그 이후엔 팀원 이 스스로 알아서 할 수 있는 자율권을 주는 겁니다.

코치 : 친절하다는 건 일을 하는 이유와 배경을 알려 주고 자율권을 주는 거군요.

고객 : 근데, 그게 말처럼 쉬운 건 아닌 거 같습니다. 저도 일의 맥락을 잘 모를 때도 있고, 모든 걸 설명해 줄 수 있는 시간적 여유도 없는 게 현실이거든요.

코치 : 하고는 싶은데 현실적인 어려움이 있군요. 만약, 절대로 실패하지 않는다면 어떻게 할 거 같습니까?

고객 : 그렇다면, 어떤 어려움이 있더라도 방법을 찾을 거 같습니다.

[Action & Achieve : 실행하고 성취하게 하기]

코치 : 지금까지 나눈 대화를 한번 정리해 볼까요? 고객님이 되고 싶은 팀장의 모습은 어떤 거였지요?

고객 : 상사들에겐 믿고 일을 맡길 수 있는 후배, 팀원들에겐 믿고 따를 수 있는 선배, 한 마디로 믿을 수 있는 사람입니다.

코치 : 고객님은 명쾌하게 정리를 잘하시는군요. 그러면, 믿을 수 있는 팀장이 되기 위해 무엇을 하기로 하셨나요?

고객 : 투명하고 유연하게 일하는 것, 그리고 중요하긴 해도 비교적 덜 긴급한 일은 위임을 하고, 업무 지시를 할 때는 친절하게 설명해 주는 겁니다.

코치 : 그렇군요. 그걸 실천하는 데 있어서 예상되는 장애는 어떤 게 있을까요?

고객 : 투명하고 유연하게 일하는 건, 제 의지만 있으면 얼마든지 가

능한 거니까 문제가 되지 않을 거 같습니다. 그런데 위임하고 친절하게 설명해 주는 건 시간에 쫓기면 실천하는 데 어려움이 있을 거 같습니다.

코치 : 고객님의 의지에 달린 것도 있고, 또 상황에 따라 달라지는 것도 있다는 말로 들리네요.

고객 : 그러네요. 제가 말하고 나서도 약간 무책임하다는 생각이 들었습니다. 상황에 핑계를 대고 변명을 하는 것 같은 느낌이 들었습니다.

코치 : 역시 고객님은 성찰을 잘 하시는군요. 그럼, 어떤 방법이 떠오르나요?

고객 : 지금은 복잡하게 많은 생각이 들기만 하고 혼란스럽습니다.

코치 : 저는 오늘 대화를 통해 고객님의 분석력, 전략적 사고, 추진력 등의 강점을 그대로 느낄 수 있었습니다. 고객님의 그런 강점들을 활용해서 실행력을 높이는 방법을 찾는다면, 어떤 게 있을까요?

고객 : 코치님, 사실은 제가 고민이 있는데요. 저의 강점이 어떤 때는 강점으로 드러나기도 하지만, 어떤 때는 심각한 문제를 일으키기도 하거든요. 그래서 이게 정말 강점이 맞는지 의심스러울 때가 많습니다.

코치 : 그러시군요. 어떤 때는 강점이 되기도 하고 어떤 때는 그게 오히려 문제를 일으키기도 하는 걸 일컬어 강점의 패러독스라고 합니다.

고객 : 강점의 패러독스요? 저도 언젠가 들어 본 적이 있는 거 같습니다. 강점도 지나치면 오히려 독이 된다. 비록 강점이라 할지라도 균형 있게 사용하라는 뜻 아닌가요?

코치 : 정확하게 이해하고 계시는군요. 고객님은 어떤 경우에 강점이 오히려 문제를 일으키는가요?

고객 : 통제받지 않을 때 그런 거 같습니다. 제 마음대로 할 수 있는 상황이 되면 다른 사람들의 눈치를 보지 않아도 되니까, 지나치게 제 강점을 너무 많이 사용하는 거 같습니다. 제 강점을 사용하는 게, 저에겐 자연스럽고 편하거든요. 그런데 주변 사람들은 그걸 빗대어 통제받지 않는 강점의 문제라고 말하곤 했습니다.

코치 : 통제받지 않은 강점이라는 표현이 재미있군요.

고객 : 그래도 제 성과의 원천은 저의 강점에서 나오는 거겠지요?

코치 : 저도 그렇게 생각합니다. 어차피 모든 성과는 강점에서 나오는 거고, 약점도 강점을 잘못 사용하는 데서 나오는 거니까, 결국 강점을 균형 있게 사용하는 게 관건이 아닐까요?

고객 : 맞습니다. 항상 균형을 명심해야겠습니다.

코치 : 아까 제가 고객님의 강점들을 활용해서 실행력을 높이는 방법을 찾으면 어떤 게 있을지 물었는데, 혹시 지금은 떠오르는 게 있을까요?

고객 : 그게, 아직도 생각이 잘 나지 않는군요.

코치 : 그러시군요. 그러면 제가 요청을 하나 드려도 될까요?

고객 : 예. 그러시죠.

코치 : 우리가 2주일 후에 또 만나기로 되어 있는데, 그때까지 어떻게 하면 고객님의 강점을 활용해서, 위임을 잘하고 친절하게 업무를 설명할 수 있는지, 실행력을 높일 수 있는 방법을 연구해 오기로 하면 어떨까요?

고객 : 알겠습니다. 다음 코칭 때까지 제 강점을 어떻게 활용할 수 있는지에 대해 고민하고 연구해 보겠습니다.

코치 : 고객님은 충분하게 답을 찾을 수 있을 거라고 생각됩니다.

고객 : 감사합니다.

코치 : 오늘 더 다루고 싶은 이야기가 있는지요?

고객 : 예. 하고 싶은 말은 아직 많지만, 앞으로 차근차근 해결해 나가야 할 거 같습니다. 오늘 코치님과 대화를 하면서, 제가 어떤 팀장이 되고 싶은지를 명확하게 알게 된 것만 해도 큰 소득인 거 같습니다.

코치 : 그러시군요. 오늘 대화를 통해 자신에 대해 또 알게 된 건 무엇인가요?

고객 : 제가 믿음을 매우 중요하게 생각하는 사람이라는 것도 알게 됐습니다.

코치 : 그렇군요. 고객님은 믿음을 매우 중요하게 생각하는 사람이라는 걸 저도 확인할 수 있었습니다. 그래서, 믿음을 주는 사람이 되기 위해 뭘 하기로 했나요?

고객 : 투명하고 유연하게 일하고, 또 위임을 많이 하고, 업무 지시를

친절하게 하기로 했습니다.

코치 : 고객님은 정리를 정말 잘하시는군요. 고객님의 키워드는 투명, 유연, 위임, 친절이군요.

고객 : 와우~ 그러네요. 코치님도 정리를 정말 잘 해 주시네요. 키워드가 제 마음에 확 와닿습니다. 매일 가슴에 새기고 생활해야겠습니다.

코치 : 그렇게 하신다면 고객님이 원하는 팀장의 모습에 더 빨리 도달할 수 있겠네요.

고객 : 꼭 그렇게 되도록 노력하겠습니다.

코치 : 그러면 다음 코칭 때, 2주일 동안 연구한 것들을 가지고 더 깊이 있는 대화를 할 수 있기를 기대하겠습니다.

고객 : 감사합니다. 명심하겠습니다.

코치 : 감사합니다. 오늘 수고 많으셨습니다.

고객 : 감사합니다.

산은 산이요
물은 물이다

'소의 뿔을 짜면 우유가 얼마나 나올까?'

'거북이 털은 무슨 색깔인가?'

'토끼의 뿔은 얼마나 단단한가?'

이 질문들은 모두 존재하지 않는 것에 대한 허구의 질문이다. 불교에선 이런 풀리지 않는 질문들을 통해 의문을 증폭시키고 의식을 집중시키는 과정을 통해 인식의 전환을 도모한다. 의심하고, 또 의심하고, 집중하고, 또 집중하는 과정을 통해 집중력을 최대치로 끌어올린다. 집중력이 일정 수준을 넘어가면 툭 터져 버린다. 한껏 부풀어진 풍선이 일정 수준을 넘어서면 빵 터져 버리듯 개념의 둑이 터져 버리는 것이다. 해탈이다. 개념의 속박으로부터 자유로워진다.

경허 스님과 제자 만공 스님이 함께 탁발을 나갔을 때였다. 쌀을 가득 얻어서 걸망이 무거웠다.

만공 스님이 말했다.

"스님, 걸망이 무거워서 더 걸어가기 힘듭니다. 잠시 쉬었다 가시지요."

경허 스님이 대답했다.

"두 가지 중 한 가지를 버려라."

"두 가지 중 한 가지를 버리라니요?"

"무겁다는 생각을 버리든지, 아니면 걸망을 버려라."

"에이, 참 스님도……. 하루 종일 고생해서 탁발한 곡식을 어찌 버립니까? 그리고 무거운 건 무거운 거지 그 생각을 어찌 버릴 수 있습니까?"

경허 스님은 아무 대꾸도 하지 않고 더 빠르게 걸어갔다. 숨을 헐떡이며 따라가던 만공 스님이 말했다.

"스님, 숨이 너무 찹니다. 잠시만 쉬었다 가시지요."

"저 마을 앞까지만 가면 힘들지 않게 해 줄 테니 어서 따라오너라."

마을에 이르러 물동이를 이고 가는 여인을 만났다. 경허 스님이 다짜고짜 여인의 얼굴을 붙잡고 입을 맞췄다. 여인은 놀라서 소리를 지르며 물동이를 떨어뜨렸고, 마을 사람들이 뛰쳐나왔다. 손에는 몽둥이가 들려 있었다.

"저놈들 잡아라!"

"어디서 요망한 중놈들이 나타나 가지고!"

경허 스님과 만공 스님은 필사적으로 도망쳤다. 한참을 달려서 마을을 벗어난 후에 경허 스님이 말했다.

"허허, 너도 용케 붙잡히지 않았구나~"

"스님, 속인도 해서는 안 될 짓을 왜 하셨습니까?"

"그래, 그건 그렇고…… 너, 도망칠 때 쌀자루가 무겁더냐?"

"예?"

"도망칠 때도 그 쌀자루가 무겁더냐 말이다!"

'전식득지(轉識得智)'라는 말이 있다. 의식을 전환하여 깨달음을 얻는다는 뜻이다. 어느 스님이 말했다.

"깨달음을 얻고 나면 미래를 내다보는 신통력이 생기는 게 아닙니다. 세상이 바뀌는 것도 아닙니다. 다만, 세상을 보는 눈이 달라질 뿐입니다. 인식의 세계가 달라지는 것이지요."

'저건 산이다. 저건 물이다.'라고 할 때, 그게 진짜 산이고 진짜 물일까? 그냥 우리가 마음대로 이름 붙여 놓은 건 아닐까? 만약, 산을 물이라 이름 붙이고, 물을 산이라 이름 붙였다면 우리는 산을 물로, 물을 산으로, 인식할 것이다. 의자를 의자라 하고, 책상을 책상이라 부르는 것도 마찬가지다. 그런 측면에서 언어는 실재가 아니라, 그렇게 부르기로 한 약속에 불과하다. 우리는 그 약속에 따라 살아간다. 때로는 그 약속의 개념에 얽매여서 고통받기도 하고, 때로는 그 개념으로 인해 행복해지기도 한다. 우리는 언어라는 약속을 통해 사유하고, 언어를 통해 소통한다.

그런데 이게 고약하다. 같은 말이라도 듣는 사람에 따라 다르게 받아들이기 때문에, 사유와 소통에 오류가 생긴다. '고향'이라는 말을 들으면 무엇이 떠오르는가? 어떤 사람은 아름다운 시골 풍경이 떠오를 수도 있고, 어떤 사람은 불빛 찬란한 도시의 풍경이 떠오를 수도 있고, 어떤 사람은 황량한 사막이 떠오를 수도 있다. 약속된 언어의 개념에, 개인의 지식과 경험 등이 복합적으로 어우러지기 때문이다. 그래서 같은 말을 듣고도 서로 다르게 해석하는 것이다. 가치나 신념이 서로 다르면 해석의 차이는 더 심하게 벌어진다. 우스개로 우리는 서로 다른 배우자와 살고 있다는 말이 나올 정도다. 각자의 인식 속에 있는 배우자는 서로 다른 모습이기 때문이다. 이건 어쩌면 신나는(?) 일인지도 모를 일이다.

성철 스님이 종정법어를 내릴 때 사용해서 유명해진 '산은 산이요. 물은 물이다.'라는 말은 해석하는 사람에 따라 의미가 달라진다.

어떤 사람은, 산과 물은 엄연히 다르니까, 대상을 구분해서 이해하고, 각자의 가치를 존중하라는 말로 받아들인다. 산과 물은 서로 다르다는 걸 당연하게 받아들이는 것이다.

그런데 어떤 사람은, 종정법어를 그렇게 시시한 뜻으로 하진 않았을 거라 생각하고, 그 표현을 뒤집어서 '산'이라든지 '물'이라든지 하는 건 개념에 불과할 뿐 실제로는 '산은 산이 아니요. 물은 물이 아니다.'라고 해석한다. 겉으로 드러난 모습을 쫓아다니지 말고, 말이전의 본질을 이해하라는 가르침으로 받아들이는 것이다.

또 어떤 사람은 산과 물이 서로 다르다거나, 서로 다르지 않다거나 하는 인위적인 해석을 하지 말고, 산은 산으로 물은 물로, 그냥 있는 그대로 받아들이라고 이해한다.

같은 말이라도 듣는 사람에 따라 서로 다르게 이해한다. 이게 바로 언어의 한계다. 그런데 한편으론 언어의 한계는 무한한 가능성이 되기도 한다. 자기 마음대로 상상하고 해석할 수 있기 때문에, 다양한 해석을 할 수 있고 기상천외한 창조를 할 수 있는 가능성도 생긴다. 그런 측면에서 언어는 무한한 가능성이다. 언어는 한계와 가능성을 동시에 가지고 있다.

언어가 가진 한계와 무한한 가능성을 잘 알고 있기에 이 책을 쓰는 내내 고민했다.

'읽는 사람마다 불교에 대한 이해의 정도가 서로 다르고, 코칭에 대한 이해의 정도도 다를 텐데 내가 전하려고 하는 게 제대로 전해질 수 있을까? 어떻게 하면 제대로 잘 전할 수 있을까?'

그래서 최대한 쉽게 쓰려고 노력했다. 꼭 필요한 대목이 아니면 가급적 한자는 사용하지 않았다. 인식의 갭을 최소한으로 하고, 공감을 최대한으로 끌어내려고 노력했다. 그럼에도 불구하고 언어의 한계는 분명하게 있을 것이다. 달을 가리키는 손가락을 보지 말고 달을 봐 주기를 바랄 따름이다.

이 책을 쓰고 나서 고개를 들어보니…… 그래도 산은 산이요. 물은 물이다.

마음 발견의 기술
순 간 을 함 께 춤 추 는 코 칭
ⓒ 김종명, 2022

2022년 5월 25일 초판 1쇄 발행

지은이 김종명
발행인 박상근(至泓) • 편집인 류지호 • 상무이사 김상기 • 편집이사 양동민
책임편집 권순범 • 편집 이상근, 김재호, 양민호, 김소영 • 디자인 쿠담디자인
제작 김명환 • 마케팅 김대현, 정승채, 이선호 • 관리 윤정안
펴낸 곳 불광출판사 (03150) 서울시 종로구 우정국로 45-13, 3층
        대표전화 02) 420-3200 편집부 02) 420-3300 팩시밀리 02) 420-3400
        출판등록 제300-2009-130호(1979. 10. 10.)

ISBN 978-89-7479-553-5 (03320)

값 17,000원